【有故事的郵票】

臺灣囡仔古

王文華、王淑芬、安石榴、林世仁
花格子、周惠玲、海狗房東、張友漁
劉思源、劉清彥／說故事

六十九／繪圖

遠流

目錄

一枚郵票是一隻可愛的小白鴿，
帶著我們的思念和祝福，送給遠方的朋友；
一枚郵票能變身成大大的魔毯，
載著我們飛到世界各地，欣賞不思議的故事——

穿山甲打敗壞頭目
螃蟹小孩變帥哥
丁字褲也能當魚餌……

——哇！太有趣了！
趕快從左邊的台灣地圖，
挑選喜歡的郵票和故事，找到頁數，
故事魔毯要起飛了，讓我們出發去吧！

林世仁

穿山甲說故事

聽，這枚童謠郵票裡的穿山甲有故事要說呢……

哈囉！我是穿山甲，今天來跟大家說故事。

我們穿山甲說故事跟別人不一樣。

數數看，我的名字有幾個字？

「三個！」

答對了！所以我們穿山甲說故事，一次都要說三個。

坐好了嗎？飲料、點心準備好了嗎？故事要開始嘍！

第一個故事〈穿越到地底下的人〉

這個故事很短，是賽夏族朋友告訴我的。

話說有個少年，天生懶得不得了！加上長得又醜又胖，一出門就被笑，他乾脆天天賴床不出門。

有一天，爸爸喊他：「亞歐，起床嘍！吃飯啦！」

「不要，我不要吃早餐，我還要再睡一會兒。」

「什麼早餐？是叫你起來吃午餐！」爸爸很生氣，「你已經睡了兩會兒、三會兒、四會兒啦！還不起床？太陽不等人的！」

亞歐把棉被一拉，蓋住頭，不聽。

爸爸氣得一伸手，連棉被帶人一把拉下床。「懶鬼！起床！」

亞歐賭氣，一骨碌鑽回床底下。

5.00
96.8.23

「你這懶鬼！」爸爸急著要出門，只能罵他：「等我回來，一定把你揪出來！」

可惜，爸爸沒機會了。他一出門，亞歐就往地下挖個洞，躲進去，再把土覆上去。「哈，這下子老爸找不到我。我可以好好睡個過癮了！」

他蜷起身，打起呼嚕。

晚上，爸爸回來，往床下一看，沒看到亞歐。「奇怪，人跑哪去了？」

第二天、第三天都沒看到亞歐。

爸爸移開床，發現地上有一個洞的痕跡。他好奇挖開來，你猜他看到什麼？

一隻在打呼嚕的穿山甲！

這就是賽夏族的穿山甲故事。不過，我們穿山甲都認為亞歐才不是又醜又胖，而是又帥又壯！一出門就被女孩子纏得沒法做事，才會賴在床上，才那麼好運能變成穿山甲呢！

第二個故事〈到底是誰害誰？〉

這個故事小可怕，是卡那卡那富族朋友告訴我的。

話說古早以前，在高雄那瑪夏有個少女長得很漂亮。太陽、月亮愛上她，白天晚上都輪流幫她打光，把她的美傳向四方。

可惜，她的美被外族一個壞心頭目看到了。頭目派人來說媒，美女一聽是那個壞傢伙，搖頭不肯嫁。頭目很生氣，「不嫁我？哼，那就讓你嫁不了別人！」他故意辦了一桌盛宴說要賠罪，邀請美女一家人來吃飯喝酒。美女一家人不好意思拒絕，只好來拜訪。沒想到，美女正想往桌邊坐下，「噗通！」一聲，竟然掉進頭目事先挖好的地洞。

「哈哈哈！終於逮到你了！」頭目哈哈大笑：「你願意嫁我，我就救你上來。不肯嫁，你就在地洞裡等著嫁閻羅王！」

美女又氣又急，抵死不從。

家人害怕得逃出去，到處找人求救，卻沒人敢跟頭目作對。

穿山甲聽見了，從遠方挖了一個長長的地洞，花了好幾天時間，才悄悄把美女救出來。

餓壞了的美女瘦了一大圈，全身髒兮兮。穿山甲取來泉水讓她洗澡。「頭目太可惡，不能原諒！」穿山甲把洗澡後的髒水釀成酒，再請巫師加上可怕的咒語。

牠讓美女一家人假裝是新搬來的人家，派人去請頭目來家裡喝酒吃飯。頭目一聽有新的美女出現，立刻和家人一塊兒來赴宴。一進門，頭目覺得美女有些眼熟，但只納悶了一下。「哈，美女都一個樣

嘛！眼前這位比上次那個瘦得多，更苗條啦！」他坐下來，豪氣的拿起「洗澡水酒」，擺出最帥的姿勢，「咕嚕咕嚕」大口猛灌。

沒一會兒，頭目大叫一聲「哇！」就口吐白沫倒在地上去見閻羅王了。

美女的爸媽向頭目家人說明真相，頭目家人聽了很慚愧，全跪下來請求美女原諒。美女扶起他們，兩家人決定從此和好。可惜，頭目家人也喝了「洗澡水酒」，沒多久也都去地底下找頭目了。

哇，這個故事小小恐怖！而且，我怎麼覺得兩家人都好倒楣啊！

嗯，還是趕緊來講下一個故事吧。

第三個故事〈木屐鬧鐘〉

這是漢族朋友告訴我的，挺好玩的。

話說古早以前，在臺中犁頭店（臺中南屯）附近住了許多動物。牠們年年陪著春陽、夏雨、秋風、冬露過生活，日子好不快活。一天，忽然人聲響起，轟轟鬧鬧！原來是清朝

將軍張國率領部下來到這裡開墾。人一來，飛禽走獸全嚇得往山裡逃。只有鯪鯉（我們穿山甲的古名）沒搬家，往地下一鑽，躲了起來。

一年又一年，聚落變成村莊，稻田越來越多。可是種下去的稻子，有時豐收，有時卻長不好。「是不是這塊地有問題啊？」當地人請風水師來察看原因。

風水師在犁頭店走逛一圈，讚歎說：「吉地！吉地！這裡是鯪鯉穴啊！」

「鯪鯉穴？」地方士紳聽不明白。

「你們認為鯪鯉有什麼特色？」風水師故意問。

士紳們抓抓腦袋瓜。「鯪鯉一蜷縮起來，就像一顆鐵球……嗯，還愛躲在地底下冬眠。」

「對啊！」風水師一拍手說：「鯪鯉的鱗片像鐵犁，只要牠肯動，泥土就鬆軟。但是鯪鯉愛冬眠，如果到端午節還沒醒，泥土沒被翻動，收成就不會好。」

「哦，原來如此！」士紳們恍然大悟。

「還不止如此，」風水師掐指一算，「這裡的地底下有一隻金鯪鯉。金鯪鯉翻身，人才就翻身！地方要人才興旺，就別讓金鯪鯉睡懶覺。」

哇，影響這麼大！風水師一離開，士紳們就開始傷腦筋：要怎樣才能讓冬眠的金鯪鯉醒過來呢？

「有了！」一個士紳說：「端午節時，我們帶著鍋盆一塊上街。大家一塊敲、用力敲，不怕鯪鯉不醒來！」

就這樣，每年端午節，犁頭店的人就會集合在大街上，「噹噹噹！鏘鏘鏘！」大聲把鯪鯉吵醒。到了一九八〇年代，「鬧鐘」變成

木屐。大家「噠噠噠！」，一塊競走比賽。從此以後，「穿木屐、鑽鯪鯉」就變成了臺中南屯特有的活動了。

嘿，這個故事對我們穿山甲來說，簡直像「甲級動員令」啊！

其實，我們穿山甲也有個「隱藏版」傳說。話說古早古早以前，有兩隻最懶、最呆、最好奇的穿山甲，過不慣地底下的美好生活，跑到地面上。結果風一吹，鱗甲一下掉個精光。牠們站起身，好奇的看著這個世界，變成一男一女。這就是人類的由來！如何？這故事不輸你們人類編的吧！

故事好郵趣

臺灣有穿山甲，國外有犰狳，兩者不一樣，但遇到危險都會把自己捲成一個球。比起來，穿山甲似乎更幸運！你看牠的名字取得多好：身上的鱗片像鐵甲，滾成一個球，好像連山都能穿過去。說不定，古人就是在山的東邊看到一隻穿山甲，在山的西邊又看到一隻，把牠們看成同一隻動物，才叫牠「穿山甲」呢！

名字這麼神奇，傳說故事自然不會少。穿山甲應該很感謝賽夏族，如果第一個故事〈穿越到地底下的人〉是漢人說的，那個懶人大概一覺醒來會變成豬八戒吧？原住民的想像力總是沒有牆可以阻隔，卡那卡那富族的傳說拍成電影，八成會變成恐怖片！漢人就實際多了，把穿山甲和收成、人才連結起來。但這樣的實際卻也讓生活變得更多采多姿了呢！

穿山甲的故事可能不只這幾種，甚至阿美族人還把它編成歌謠來唱呢：「擺盪招搖　烏石鼻人／拖拖拉拉　膽墁人／活蹦亂跳　沙汝灣人／擺手扭腰　都威人……抓癢抓癢　麻老漏人／瘦瘦

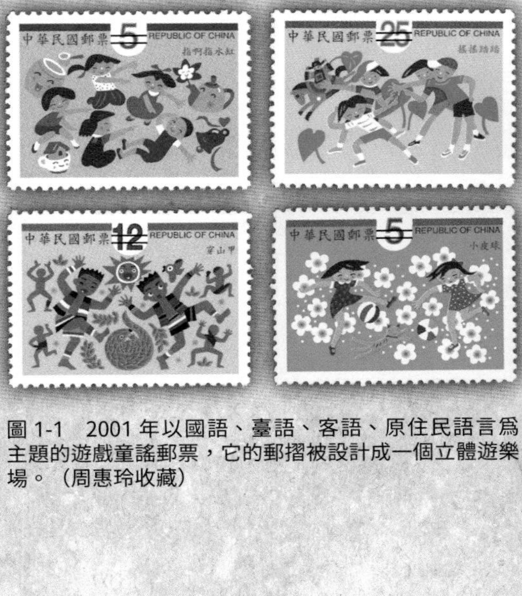

圖 1-1　2001 年以國語、臺語、客語、原住民語言爲主題的遊戲童謠郵票，它的郵摺被設計成一個立體遊樂場。（周惠玲收藏）

的瞎子在穿山甲的洞穴裡跑。」頑皮的孩子一面胡亂編造人物，一面隨歌謠扭動身體，就像篇首郵票所描繪的情景。

這枚郵票是二〇〇一年發行的「童謠郵票」，一套四枚（圖1-1），包括有國、臺、客、原住民語童

圖 1-2　1998 年發行的民俗「童謠郵票」，選了〈一隻青蛙一張嘴〉、〈小老鼠上燈臺〉、〈火金姑〉、〈白翎鷥〉等著名童謠。（周惠玲收藏）

謠，由名畫家曹俊彥所繪。曹老師畫過許多童謠郵票，每一套的選材都不同，一九九八年是民俗童謠（圖1-2），一九九九年則以「育兒歌」為選材（圖1-3）。他還為這些童謠設計了很有趣的郵摺，例如「育兒歌」童謠郵摺可以摺成一個立體的木馬，圖1-1的遊戲童謠郵摺像立體遊樂場。

除了童謠以外，郵政總局也在一九七一年的「臺灣獸類郵票」中

圖 1-3　1999 年育兒童謠郵票設計成一個像木馬的立體郵摺。（周惠玲收藏）

發行過以穿山甲（圖1-4）為圖案的郵票，郵票中的穿山甲是金色的，寶藍色背景表現牠所鑽出的山洞。

（後記／林世仁、郵趣／周惠玲）

圖 1-4　1971 年的「臺灣獸類郵票」介紹了四種臺灣特有動物，其中就有穿山甲，溫學儒繪。（周惠玲收藏）

安石榴

蟹孩兒

瞧！這枚臺灣招潮蟹郵票，炯炯有神的眼睛和大螯，牠也有故事要說……

從前，在臺灣東部有個小平原，就挨著太平洋，平原上住著好幾個村落，居民都是同族人，共同的祖先是一對姊弟。

這對姊弟，是在更久遠以前的洪水時期，從太平洋某個快被海水淹沒的島嶼遷居來到這裡的。當時他們很辛苦的划船，划了不知道多少日子才發現這塊乾燥的陸地。他們一看見這個平原上有樹、有飛鳥，海邊有魚、有蝦蟹，就決定定居下來。

因為祖先來自大海，所以這幾個小村落的人也把大海當作母親。他們過著與世無爭的日子，唯一的煩惱，就是這塊土地上有個老愛搗亂的魔神，大家都不想碰見它，可是它常

冷不防就現身。

有一天上午，幾個女人在海邊撿拾可以煮來吃的小生物，每個人的簍子裡都已經收穫了不少蝦、貝、蟹，正想回家去時，一陣黑霧襲來，天暗了下來。唉，準是魔神出現了。

這些女人很害怕，不知道魔神會使出什麼招數對付她們。其中有個婦女正懷著身孕，她對魔神的作為非常厭煩，於是從簍子掏出一隻招潮蟹，如果魔神靠近，

她就要給魔神一點教訓。突然，她感覺魔神站在她身旁，立刻把那隻揮舞著大螯的螃蟹往魔神臉上扔去。魔神大吼一聲，接著響起喀啦聲。

天瞬間亮了起來，魔神不見蹤影，可是，螃蟹也被捏碎了。懷孕的女人在泥地上挖個洞，把可憐的螃蟹埋起來。

後來女人生下一個奇特的孩子，有小男孩的頭、螃蟹的身體，哇哇哭的時候，還揮著一隻巨大的螯。那女人又害怕又傷心，抱著蟹孩兒往海邊走，把那個怪嬰扔進海裡，還給大海母親。幸好，蟹孩兒的祖父母擔心出事，一直尾隨在後，他們及時把蟹孩兒撈了起來，並且決定自己照顧這個孩子。

這個蟹孩兒每晚睡在祖父母的中間。祖父母為他蓋著香蕉葉，不會太熱也不會太冷，不會太乾也不會太溼。他長得飛快，一歲多就能說話，他還常常告訴祖父母：有一天他會變成一個真正的人。祖父母很愛他，無論蟹孩兒是不是真正的人，都沒關係。蟹孩兒很能幹，可以做很多事情。他比其他人更喜歡海，每天帶小簍子到海邊撿蝦和貝，但總是跳過螃蟹不撿。

等到工作忙完以後，他就在泥地裡滾一滾、玩一玩才回家。進家門前，他會先在門前茄冬樹下的井邊洗掉身上的泥巴才進屋去。祖父教他怎麼編魚網，他就編了一張符合自己身高的魚網，每隔幾天就用魚網捕些魚。他也學會造獨木舟，還能單獨駕著獨木舟，沿著溪流到遠處去採野菜。自從有蟹孩兒作伴，祖父母的生活過得比以前還要豐足。

偶爾，那個魔神還是會出現，只是蟹孩兒並不怎麼在乎它，他也不怕周圍突然變黑；而魔神對這個既像人又像螃蟹的小男孩，似乎有點忌憚，每次要搗亂的

時候，只要一發現有蟹孩兒在，它就會匆匆結束魔法離開。因此，蟹孩兒人緣非常好，女孩子喜歡成群結隊和他一起工作。

蟹孩兒長得真快，沒多久就到想要結婚的時候了，只是村裡的女孩沒一個願意嫁給他。他的祖父只好到別的村子去求親，但也沒有用，附近村民統統知道這是蟹孩兒要娶老婆。

有一天，蟹孩兒乘著獨木舟，沿著溪流划到比之前更遠的地方去採摘野菜，他發現有幾個不認識的女孩子也在岸邊採摘，嘻嘻哈哈的很活潑。他躲在獨木舟後面偷看，看見當中有個女孩特別溫柔可愛，讓他越看越喜歡。

這時，一陣黑霧籠罩大地，白天變成黑夜，魔神又出現了。它一把抓住了那個溫柔可愛、名叫巴奈的女孩，巴奈嚇得不斷尖叫。

「快放手，不然我要過去用力夾你嘍！」蟹孩兒大聲說。

魔神沒料到竟會在這裡碰上蟹孩兒，它馬上鬆手，一溜煙逃走了，黑霧也跟著散去。那些女孩很感謝這位趕跑魔神的英雄，循著聲音想要去跟他道謝，卻沒找到人，只看見一艘獨木舟，船身上刻著一圈螃蟹。

她們遍尋不著這位英雄，只好離去。巴奈頻頻回首望著獨木舟的方向，不知道其實蟹孩兒也正躲在船後，癡情的瞧著她呢。

過了不久，蟹孩兒和祖父母準備好提親的禮物，有美麗的花布、許多串貝殼項鍊、蟹孩兒編的魚網和魚籠、小米、紅色糯米。祖父划著蟹孩兒的獨木舟，船上裝滿豐盛的禮物，來到巴奈的村莊提親。巴奈認出那

艘雕刻螃蟹的獨木舟，她害羞的同意婚事，隨著蟹孩兒的祖父搭獨木舟，來到他們的村子。

第一天，巴奈沒見到新郎，第二天也沒有，連續過了六天，新郎都沒出現。巴奈很傷心，收拾好行李決定回自己的村子，不管祖父母怎麼說，都不肯留下。這時，蟹孩兒的聲音從窗外傳進來。

「請再忍耐一天，明天太陽出來的時候，請到門前的水井邊，我在那裡與你相見。」

巴奈聽到心上人的聲音，這才安心了。

蟹孩兒要祖父母用香蕉葉把他的全身包裹起來，然後用一支長矛穿過香蕉葉，固定好，接著再把他放在水井的淡水裡泡上整整一夜。

到了第七天，當太陽要出來時，巴奈依約走向水井。她從清晨的霧裡看見有個什麼站在井邊。那是蟹孩兒，他手裡拿著矛，身體仍是螃蟹。等到第一道陽光穿過白霧照在他的身上時，他身上的甲殼紛紛剝落下來，他像蛻殼似的鑽了出來，英俊又帥氣，手執長矛站在井邊。

巴奈滿心歡喜見到她心中的英雄。祖父母也高興得不得了，蟹孩兒果真成了一個真正的人。

兩人後來生了一對雙胞胎姊弟，小姊弟也很快就學會說話。有一天下午，小姊姊哄小弟弟午睡以後，自己卻偷偷跑到外面去玩耍，一直玩到黃昏才回家。一開門，看見一個英俊的年輕人站在屋裡，而屋裡那個年輕人也詫異的望著門口站立的美麗少女。

這時，祖父母拍著手高興的說：「啊哈，這是我們家族的遺傳啊，孩子都長得特別快。」

原來這對雙胞胎姊弟都在一個下午之間長大成人了。

蟹孩兒的故事，說到這裡。雖然這是很久很久以前流傳下來的故事，但誰能斬釘截鐵的說，這是完全不可能的事情？

故事好郵趣

人類和動物的關係非常密切，遠古時期人類會獵捕動物來吃，也會把某些動物當作同伴。也許，人類祖先在動物身上發現人的特點，或者在人的身上發現動物的特點，因此產生了以動物為主角的寓言故事，還有人變成動物、動物變成人、人和動物合體的故事。

伊索寓言裡的動物，和人類一樣有許多煩惱和計謀。而格林童話〈青蛙王子〉故事裡，青蛙被公主扔到牆上後變回人的樣貌；安徒生童話〈野天鵝〉則是人變成天鵝，魔法解除後又變回人。《聊齋誌異》

裡則有很多狐狸變成人後過著精采的人生。至於動物和人類合體，最有名的故事，是埃及的斯芬克斯（人面獅身怪物），他有人臉、獅子的身體、鷹的翅膀；或者，大家都熟悉的安徒生童話〈人魚公主〉，有著人的上半身、魚的下半身；希臘羅馬神話

圖 2-1　2004 年以臺灣招潮蟹爲主題的郵票，鄭義郎繪圖。（陳玉蓮收藏）

的半人馬，是人的上半身、馬的後半身。這樣的例子很多，各位小讀者往後一定會在其他故事書裡陸續發現。

〈蟹孩兒〉這篇故事出自撒奇萊雅族的傳說〈蟹人〉。我猜想，撒奇萊雅族的祖先，也許是在海邊看見招潮蟹而產生了這個故事的靈感。招潮蟹身體兩側各有一隻巨大的螯和一隻小螯，牠們常常揮舞巨大的螯，而另一邊的小螯則不時清理著大螯，樣子看起來像在拉提琴似的，難怪牠的英文名字叫「提琴手蟹」（fiddler crab）。

臺灣的環境正是招潮蟹喜歡的熱帶和亞熱帶環境，因此世界八十種招潮蟹，臺灣就有十種之多。中華郵政推行了三次「臺灣蟹類郵票」，其中一次，二〇〇四年專門推出以招潮蟹為主題的特種郵票（圖2-1），一組四枚，四種圖案：臺灣招潮蟹、北方呼喚招潮蟹、弧邊招潮蟹、清白招潮蟹。其中，臺灣招潮蟹可是臺灣特有種唷。

另外，郵政總局還多次以臺灣特有種生物為主題發行紀念郵票，其中二〇〇八年發行「臺灣鍬形蟲郵票」（圖2-2）和「保育鳥類郵票——臺灣藍鵲」（圖2-3）時，正好是中

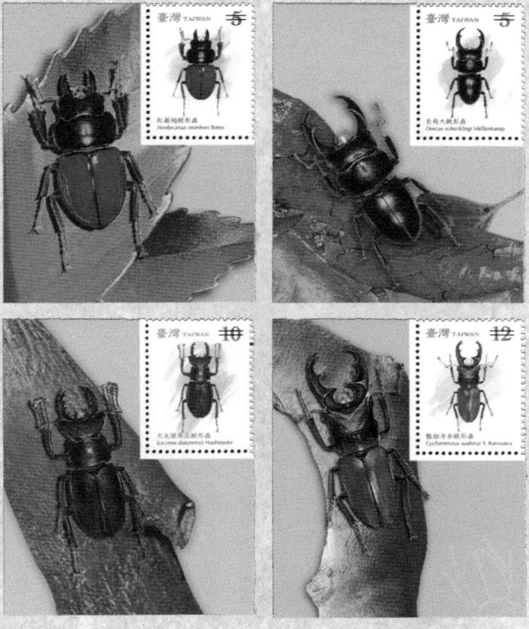

圖 2-2　2008 年以臺灣鍬形蟲爲主題發行郵票，發行單位標記爲臺灣郵政。本圖郵票邊附有原圖，十分特別的收藏。（陳玉蓮收藏）

華郵政一度改名為「臺灣郵政」，因此這兩組郵票上都印著「臺灣 Taiwan」，成為集郵人士眼中特別的收藏品。（後記、郵趣／安石榴）

圖 2-3　2008 年以臺灣藍鵲爲主題的「保育鳥類郵票」，發行單位註明爲臺灣郵政。（陳玉蓮收藏）

張友漁

丁字褲釣鬼頭刀

這枚兒童畫郵票裡的達悟人，穿著丁字褲，划著拼板舟，出海去釣魚嘍……

臺灣是一個很大很大的島，位在亞洲大陸的東南沿海。在臺灣東南方的外海上，還有一個很小很小的島，名叫蘭嶼。小島上住著一群雅美族人，又稱達悟族，「達悟」這個詞，在他們的族語中是「人」的意思，所以，蘭嶼就是人居住的島。

達悟族人大都靠捕魚為生，每年二月到六月是飛魚季，六月之後飛魚少了，就能捕捉其他的魚。

小島上一共有六個部落，朗島部落是所有部落中領域最大的。部落裡有一個漁夫，這天他看了看天氣，很確定明天是捕魚的好日子，於是吩咐太太幫他準備好芋頭和柴火，放

76.7.6-9

在爐灶旁。

漁夫開始準備出海要用的東西。他抓了自家養的草蝦當魚餌，備好魚線、魚刀、魚網和帆布，忙了一下午。晚上回到家，開始劈柴火，生火煮芋頭，當作明天捕魚時的便當。

他的妻子不能幫他煮芋頭，他得自己來，因為如果吃了女人煮的芋頭，男人會沒有力氣捕魚。漁夫非常專注的看顧鍋裡的芋頭，如果煮不熟，明天沒吃飽，會影響明天捕獲魚的數量。

天還沒亮，漁夫就醒了。他確認一遍，所有捕魚的用具都齊全了，便發出很大的碰撞聲走出家門，走向他的拼板舟。這聲音是告訴他的太太：他出門了，她可以出來煮飯給孩子們吃了。

漁夫將所有的用具放上船，拴好木槳，便將船推到灘頭上，等候其他的船一起出海。這是飛魚季的捕魚規則，每個漁夫都得這麼做：一起出海，一起回航，相互照應。今天他是第一個到的呢。等待的時候，他抬頭看了天空，天上的星星閃著耀眼的光芒，月光照亮了灘頭，大海還在睡，沖上灘頭的浪，很輕很輕。

漁夫等了好久，才見到其他漁夫推著拼板舟來到灘頭。等到所有的船都到得差不多了，有人大喊一聲：「出發。」三、四十艘拼板舟紛紛快速入海，飛快的朝著外海的漁場前進。

漁夫也激動的划槳，但是他拚盡全力，船的速度還是快不起來，他的船中間肚子的部

位比較寬大，前進的速度慢，划槳的力量都被浪給削弱了。大多數的拼板舟像箭一樣的在大海上疾行，很快就抵達漁場。漁夫落後了一大截。他一邊划一邊看著其他漁夫，他們已經開始上餌放線。那些幸運的漁夫，釣線才剛剛入海，就立刻拉起飛魚了。

漁夫好著急啊！更加手忙腳亂的划著，希望趕緊到達漁場，否則飛魚就要讓那些早到的人抓光了。漁夫拚命的划著木槳，汗水把他的丁字褲都弄溼了，終於他也到達了漁場。漁夫趕緊找了個地方，開始上魚餌、放線，感覺魚在咬餌了，他趕緊拉起來，但魚鉤上什麼也沒有，餌被吃了，魚跑走了！

他一次又一次上魚餌、放線，每次把魚線拉上來時，都空空如也，一條魚也沒有。再多拋幾次，依然一條魚也抓不到。再看看其他漁夫，他們的運氣也太好了吧，那些飛魚釣上來的速度，就像牠們自己飛上船似的。

漁夫非常緊張，這麼多魚就快要被抓光了，自己釣飛魚的技術很純熟，沒問題呀，今天是怎麼回事，一條魚都釣不到？

他看著其他漁夫拉起釣線，後頭跟著一條條的飛魚，飛魚在這艘船、那艘船上飛來飛去的景象，讓漁夫生起自己的氣來。到底是那個環節出錯，讓自己的運氣這麼差？漁夫意識到胸腔裡有一團氣在翻滾，他趕緊調整呼吸，不能生氣，飛魚季作業過程中不能生氣，生氣會把好運氣統統趕走。不生氣，也是漁夫要遵守的規則之一。

這時候已經接近中午了，再過一會兒就要收隊返航了。漁夫決定到其他沒有人去的漁場試試運氣。

他到了別的地方，依然釣不到飛魚。漁夫非常沮喪，返航的時間就快要到了，如果自己一條魚都沒抓到，太太會有多失望。

這時，他感覺船邊有一股氣流湧動，低頭一看，船邊忽然游來一大群的鬼頭刀，繞著拼板舟尋找食物。漁夫激動起來，這是最後的機會了，再不抓住，就要空船而歸了。得想辦法釣上這些魚才行。他看見自己的芋頭便當，決定拿芋頭當餌。

他剁下一小塊芋頭掛在魚鉤上，垂下釣線，並趕緊搖起木槳划動小船。魚鉤上的芋頭隨著船的移動而晃動，這讓鬼頭刀以為那是活的魚，就一擁而上，把那塊鬆軟的芋頭撞得散開了。

漁夫不死心，繼續將芋頭垂放下去。一定會有一條鬼頭刀上鉤的。但是，漁夫用光了他的芋頭便當，都無法讓鬼頭刀上鉤，因為芋頭都在海裡散開了。

鬼頭刀在船的附近沒發現食物，慢慢的游走了。

怎麼辦？怎麼辦？怎麼辦？

眼看就要返航了！

漁夫將手扠在腰上，看著船上的東西，想著有什麼可以用的。他的腦袋非常忙碌，努力的想著辦法，忽然他感覺到自己的手碰到丁字褲的褲頭。

丁字褲是達悟族男人穿的傳統服飾，穿丁字褲在海上進行捕魚作業時，就算不小心弄溼了，也不會因為泡了水變得沉重影響身體的靈活度。

這條丁字褲，是妻子為他量身織成的，有點舊了，切下一小截應該沒關係，哈，就這麼辦吧！

他割下屁股上方的一小塊丁字褲，掛在魚鉤上，再划動小船，讓丁字褲看起來像是游動的生物。經驗告訴他，當鬼頭刀咬住魚餌時，他只有十秒鐘的時間拉線，讓魚鉤緊緊的鉤住魚的嘴巴。

果真有一條魚往上跳躍了，長輩們傳承的經驗：「鬼頭刀往上跳，就是被鉤住了。」漁夫在狂喜的情緒裡釣起了第一條鬼頭刀。接著，再垂下丁字褲魚餌，晃動著釣線，鬼頭刀又衝過來撕咬，又釣起了一條。

漁夫滿心歡喜，丁字褲真是太棒的魚餌呀！可以重複使用。漁夫釣起了第三條鬼頭刀，第四次再垂下釣線時，就沒有魚兒上鉤了。

這時候，返航的時間也到

了，漁夫心滿意足的收起魚線，將那塊丁字褲從魚鉤上取下，藏了起來，他可不想讓其他人知道這個祕密武器。

漁夫帶著微笑，看著船上三條肥美的鬼頭刀，想著太太會有多高興。他打算暫時不告訴她這是用丁字褲釣到的，等她清洗丁字褲發現少一截問他的時候，他才要告訴她。

漁夫摸了摸屁股上的丁字褲，少了一小截，屁股好像涼涼的呢！

故事好郵趣

一枚郵票能搭載一個故事，貼在信封上，送上火車，再轉乘飛機，下機後送上郵局，再交給郵差送達收信人手裡。想到這裡，我就莫名的開心起來，彷彿我就是那枚帶著故事去旅行的郵票。蘭嶼〈丁字褲釣鬼頭刀〉這故事，是達悟族人夏本奇伯愛雅（周宗經）先生，從朗島部落傳說整理紀錄而來。它非常適合飛去世界各地，展現達悟族豐富又多彩的人文特色。故事裡的漁夫真是個天才呢！

達悟族一直到現在，依然採取自然的捕魚方式，在每年的二月到七月捕撈洄游性魚類，嚴格遵守與舉行飛魚季期間的各項祭儀，他們順應自然的生活方式，讓族群文化與大海和諧共生，這是人與大自然共處的最佳典範。

篇首郵票是一幅兒童畫，繪者鄭又中，他筆下穿著丁字褲的達悟人、拼板舟，細節豐

圖 3-1　1977 年以世界兒童畫展獲獎作品爲圖案的兒童畫郵票。（周惠玲收藏）

富又充滿生命力。一九七七年第八屆「世界兒童畫展」在臺北舉辦時，中華郵政發行了第一套兒童畫郵票，以上一屆畫展中我國獲特優獎的四幅作品為題（圖3-1）；後來又發行了六次兒童畫郵票，其中一九九六年（圖3-2）和二〇〇六年是專為兒童畫郵票選拔的獲獎作品。

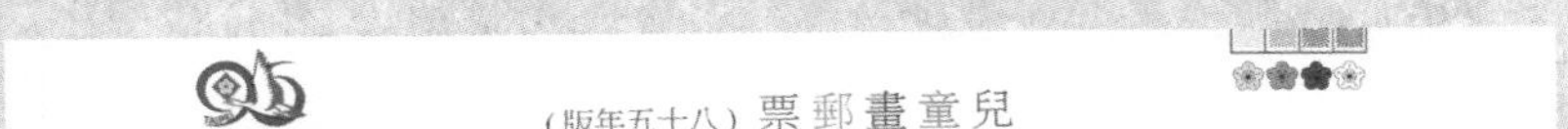

圖 3-2　1996 年度兒童畫郵票，是專爲郵票而選拔的作品，本圖爲全 20 枚的小全張。（周惠玲收藏）

除了兒童畫，在「寶島風情郵票——臺東縣」當中也有一枚寫實風格的蘭嶼拼板舟郵票（圖3-3）。中華郵政從二〇一六年起，每年發行兩套「寶島風情」郵票，一套四枚，介紹臺灣各地美景，目前已經發行有十多個縣市，其中臺東和臺南發行小全張，票邊繪有主題地區的風景人文，很受集郵人士喜愛。

圖3-3　2016年以臺東縣爲主題的「寶島風情郵票小全張」，所謂的「小全張」是指全套郵票印在一張紙上的郵票。（周惠玲收藏）

二〇一六年還有一套「臺灣是寶島」郵票（圖 3-4）也非介紹不可，這是搭配在臺灣舉辦的世界郵展而發行，採橫雙聯票設計，以彩色圓點刷出臺灣代表性的景觀，如玉山、日月潭、放天燈、划龍舟、蝴蝶、臺北一〇一及高雄八五大樓，還有象徵臺灣人情的微笑圖案等，而且郵票齒孔是蝴蝶造型的異形齒孔，十分特別。（後記／張友漁、郵趣／周惠玲）

圖 3-4　「臺北 2016 世界郵展郵票——臺灣是寶島」小全張，四枚郵票當中的蝴蝶齒孔是一大亮點。（周惠玲收藏）

周惠玲

塔塔巫里和一張牛皮

一張牛皮有多大？
讓這枚「安平古堡」郵票
告訴你……

好幾百年前，臺灣的南部住著一群很喜歡跑步的人。每年到了莿桐花開，舉辦慶典的時候，年輕人都要比賽誰跑得最快。

當他們跑起來，簡直快得像一陣風，不不不，應該說是幾十陣風，每一陣風都「咻——」的往前吹，而且風中還會傳來叮鈴噹啷的聲音，那是他們手臂上鐵環的撞擊聲，好聽得不得了。

當然啦，要能跑得快，平常就得多練習。少年達卡朗去年輸給了他的好朋友塔塔巫里，今年決心要拿第一，所以他經常去找塔塔巫里練習。可是，最近塔塔巫里都沒時間陪他。

「塔塔巫里，聽說你又要去上紅毛學校？你幹麼……」

達卡朗大聲嚷著跑進塔塔巫里的家，正好看見她在幫牆角一只瘦長的壺矸換水。他趕緊閉嘴，這是他們西拉雅人每半個月要進行一次的神聖儀式，把壺矸中的穢水倒掉，換成清淨的水，這樣，壺裡的阿立祖靈力會更強。

他不應該這時闖進來的。塔塔巫里祝禱了一會，才轉過身回答：

「是呀，我喜歡去尤羅伯牧師那裡上課，而且阿嬤幫我請示過阿立祖，祂也贊成。」塔塔巫里的祖母是族裡的尪姨，不但會治病，也能跟阿立祖溝通。

達卡朗覺得很奇怪，按理說，阿立祖應該會反對，因為

安平古堡
台南

紅毛學校的那些牧師老是要他們放棄阿立祖，改信他們的什麼華。接著，他又想起了另一件更讓他生氣的事。

「那些紅毛是壞人，他們用詭計騙了我們的土地，蓋了紅毛城。」達卡朗恨恨的說。這件事，達卡朗是從另一位好朋友多諾那邊聽來的，而多諾又是他舅舅從一個四處賣雜貨的漢人那邊聽來的。

聽說，紅毛人搭船來臺灣之後，就到西拉雅族在南部的新港社，來找新港社的頭目說要當朋友，不但送很多禮物，還帶來葡萄酒請頭目喝，等頭目喝了很多酒之後，就假裝很可憐說需要地方住，想跟新港社買土地。頭目一開始當然不願意，可是紅毛人說：「哎呀，我們只要小小的一塊土地就好了……要不然，一張牛皮那麼大的地也行。」

頭目心想，就算是最大的一頭牛，剝成牛皮攤開來，也要不了多大，就同意了。沒想到隔天卻看見紅毛人把一大塊牛皮剪成非常細的皮條，接著又把細皮條接成很長很長的皮繩，圍出很大片的土地。頭目知道被騙了，可是為了信守承諾，也沒辦法。後來紅毛人就在騙來的土地上蓋起了兩座城堡。最近還蓋起

學校，騙西拉雅人改信他們的神。

「不要隨便聽信謠言，我們新港社人才沒這麼笨。」塔塔巫里搖搖頭，拿起一本課本往屋外走，「紅毛人的土地是用十五疋棉布買的。棉布有多麼稀有珍貴，你是知道的。這件事是經過會議決定，而且請示過阿立祖，所以我阿嬤知道。」

達卡朗追上去說：「原來是假的。我還以為紅毛人真的那麼聰明。」

塔塔巫里一面朝著紅毛城的方向快跑，一面說：「尤羅伯牧師說，那個故事其實是從很遠的大海那邊傳過

來的。幾千年以前有一位公主，她的國家沒了，她逃亡到海外，後來用一塊牛皮買下一塊土地，建立了自己的國家。」

塔塔巫里很喜歡聽牧師講這些故事，她決定要好好學白話字，就能自己讀更多的故事。她幻想著，將來自己也當老師，教族裡小孩讀書的樣子……

突然，達卡朗抱住她，一手摀住她的嘴巴，一手指向紅毛城的方向。

城外圍著大批軍隊，還有大砲，從長相和穿著看起來是漢人。她和達卡朗急忙蹲低，想藏住身影，可惜他們手臂上的鐵環撞擊聲已經驚動了軍隊。很快的，兩人就被逮住，押去見一個叫「國姓爺」的人，旁邊還有漢人通譯。

通譯傳達國姓爺的話：「如果你們能帶路，幫助我攻進城，我會好好報答你們。不然我就殺了你們。」

達卡朗想開口，塔塔巫里連忙握緊他的手，搶先說：

「我們對紅毛人的城不熟，什麼也不知道。」

國姓爺看了看塔塔巫里手上的書，精明的說：「可是你會讀紅毛人的書。」

塔塔巫里只好承認自己在紅毛人的學校念書：「所以，我不做忘恩負義的人。」她很堅定的說。聽到「不做忘恩負義的人」這句話，國姓爺好像想到了什麼。他看著塔塔巫

里，思考很久，最後叫士兵把他們兩人關起來。

過了好久，消息傳來，國姓爺攻破了紅毛城，而且新港社也對他臣服。

達卡朗從腰間的衣服兜裡拿出一串瑪瑙珠子，對塔塔巫里說：「我本來想等我們長大一些，再拿給你……」在西拉雅人的習俗裡，這是定情的禮物。

塔塔巫里來不及說什麼，士兵

又來帶他們去見國姓爺。

可能因為打勝仗，國姓爺看起來心情很好，嘴上的鬍子翹翹的。他微笑的對塔塔巫里說：「我可以殺了你們，也可以……」

「也可以跟我比賽跑，」塔塔巫里接話：「如果我贏了，你不但要放我們走，而且要送我一塊牛皮大小的土地……」

後來的故事結局你猜到了嗎？

我們這位又聰明又是賽跑冠軍的西拉雅少女塔塔巫里，不但贏了賽跑，還獲得了一塊用細牛皮繩圈起來的土地，也就是現在的臺南新市區那裡。

在走回家的路上，達卡朗驚魂未定的對塔塔巫里說，「你怎麼敢打這種賭？輸了怎麼辦？」

塔塔巫里說：「我話又沒說完，我本來是要說，如果我輸了，就當他的老師！我想他很需要人教他說西拉雅族的話、讀紅毛人的白話字，免得被別人騙了。」

說完，塔塔巫里從達卡朗腰間搶過那串瑪瑙珠子，像風一般往前跑，達卡朗開心的笑了。

故事好郵趣

臺灣四面環海，好像很孤立，但其實從幾百年前開始，住在這島上的人就學著跟全世界交朋友、做生意。本篇故事裡的西拉雅少女學會一件事，當我們和別人打交道時，不但要擁有知識、了解對方，更需要創意思考。

「牛皮換地」的故事，臺灣流傳有六十多種版本，最早漢人的史書上說，是荷蘭人騙了倭夷（當

圖 4-1　1951 年臺灣省政府發行的赤崁樓印花稅票，一套三枚，四方連。（游振傑收藏）

時在臺灣築寨的日本海盜），後來變成是荷蘭人騙了西拉雅人，西拉雅人聽了很不服氣，就說是一位西拉雅少女騙了國姓爺鄭成功。其實故事原型出自希臘神話的迦太基女王建國傳說。這裡選了西拉雅人的版本，並加入一些經過考據的歷史人事物。

而騙去的土地呢，有人說蓋了熱蘭遮城（今安平古堡），也有說是普羅民遮城（今赤崁樓）。如今，西拉雅人已經和漢人融合，而荷蘭人所蓋的兩座城樓，只殘留部分遺跡，但是，安平古堡和赤崁樓不但是臺南最重要的地標，也很早就成為郵票主題。

圖 4-2　1954 年臺北版航空郵票，其中五元面額的是赤崁樓。這套郵票由金右昌繪圖，採雕刻凹版印刷，郵票兩邊還有花邊裝飾，十分精緻。（林志遵收藏）

首先在一九五一年，有一套以赤崁樓為主題的印花稅票（圖 4-1），過了三年又有航空票（圖 4-2），這兩套票都是單色的，但是用雕刻凹版印刷，細緻美麗，是難得的收藏品。而且後來還改版成不同面額的郵票（圖 4-3），使用了很長一段時間，甚至還做成學生實習印花稅票（圖 4-4）。另外，一般寄信用的郵票，也多次以赤崁樓為主題，最新的一套是二〇一七年的「寶島風情——臺南篇」特種郵票（圖 4-5）。拿出放大鏡

圖 4-4　提供給學生實習使用的印花稅票，十分罕見。（游振傑收藏）

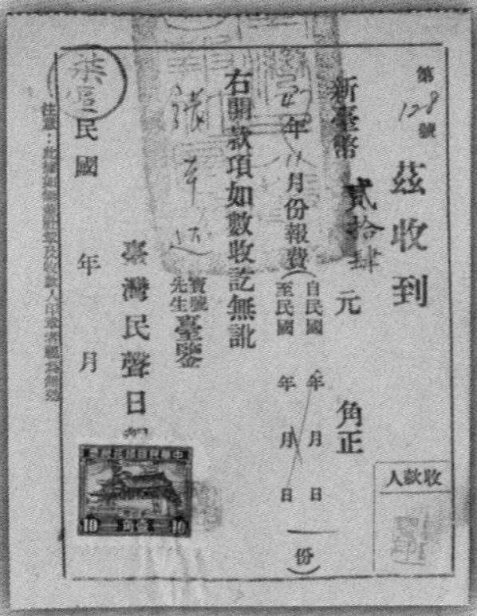

圖 4-3　赤崁樓印花稅票，改爲 1 角面額，這是 1958 年實際使用的文件。（游振傑收藏）

仔細看看，這幾套郵票中的赤崁樓，外觀有沒有不同？

比起來，安平古堡的郵票就少很多，不過二〇〇五年的安平古堡郵票，被製作成立體郵摺（圖4-6），這又大大勝出了。

從印花稅票、航空票、學生實習印花稅票、特種郵票到立體郵摺，一張牛皮換到的城樓，真是繽紛又創意的郵票主題啊！

（後記、郵趣／周惠玲）

圖 4-5　2017 年「寶島風情——臺南篇」特種郵票小全張，左下是赤崁樓現貌。（周惠玲收藏）

圖 4-6　安平郵局發行的安平古堡立體郵摺，背景是 17 世紀的臺灣古地圖，下方有熱蘭遮城圖，右下角則是安平古堡郵票，繪者柯鴻圖。（周惠玲收藏）

劉思源

魟魚和風獅爺

金門的風就像狡猾的怪獸，可是這枚風獅爺郵票說，才不是我的對手呢。

呼——呼——呼——

從秋天開始，金門島上的風幾乎沒有停下來過。長長的九個月中，風力特別強，有時一陣陣強風呼嘯而過，剎那間飛沙走石，弄得人們滿身滿臉都是沙；海口、路口、小丘、田野的土壤也變得乾旱貧瘠，無法耕作；想要去海裡捕魚，可是波浪滔天，翻船的慘事不時上演；還有幾次大風災，東村的房子被厚厚的黃沙埋起來，西村的水塘灌滿泥沙……哎呀，這風就像是狡猾的怪獸，讓人防不勝防啊。

最可憐的是小娃娃們，出門時得把全身上下裹得緊緊的，不露一點縫兒，免得被沙迷了眼，或鼻口吹進了沙，咳嗽咳不停。看著真心疼，可是又能怎麼辦呢？

這天，島上來了一位陌生的老先生，斯斯文文的，一看就是有學問的人。老先生剛下船，就被大風吹得慌，走一步、退二步，連頭上的帽子都被吹跑了。

老先生請村裡的長老召集島上所有的人來開會。

「這個島的風大得奇怪，一定有原因。」老先生皺著眉，一副憂心忡忡的說：「我是京城最有名地理師的傳人，上知天文，下知地理，大小官員甚至皇親國戚，不論建城或建屋，都會請我勘查山川地形，找個有福氣的好地方；若是遇上災禍，也會請我來破解。」

0.10
欠資
壹角
金門
古坑

老先生怕大家不信，亮出一塊大金牌，「看，這是皇帝頒給我的信物。」這金牌閃著金光，閃得大家都睜不開眼睛，連忙拿出家裡僅有的銀子，湊了一大筆錢，請老先生幫忙勘查一下，是那兒出了問題。

「包在我身上。」老先生誇下海口。他收下酬金後，拿出奇怪的工具，嘴裡念念有詞，這邊走走，那邊看看，繞了

海島一圈。

「怎麼樣？找到狂風的源頭了嗎？」大家心急，都擠過來瞧熱鬧。

「猜猜看，風從那兒來？」老先生拿出一面小旗子，風吹啊吹，旗子飄啊飄。

「這個簡單，」小夥子蔡小豆大聲說：「風從北邊來的，特別冷冽。」

老先生瞇著眼，指著北邊的大海，「對岸有一間媽祖廟，這座廟恰巧建在魟魚穴上，每當魟魚吐氣時，風就吹到島上來了。」

真的假的？大家多多少少聽過風水之說，例如龍穴、虎穴等，沒想到竟然還有魟魚穴，而且這個魟魚穴還會吐大氣？

「那怎麼辦？」村人們聽得一愣一愣的，半信半疑。可是，就算老先生說的是真的，又該怎麼解決？魟魚穴上頭有媽祖罩著，總不可能去挖媽祖廟吧。

於是這件事就這麼擱著，大家繼續忍受風沙，老先生拿了賞銀，也繼續到下一個鄉鎮去看風水啦。

可是好巧不巧，這件事不知為何竟傳到皇帝身邊一個有權有勢的大太監耳朵裡，又恰巧據說他也是金門出生的人，不但熱愛故鄉，而且向來對風水之說深信不疑。

「拆！」大太監一聲令下，沒人敢不乖乖聽從。

地方官員接下燒燙燙的命令，連夜派人找到老先生，請他親自渡海指揮工人。

哎呀！這事可搞大了，弄不好掉腦袋也可能。老先生心中焦急，千萬不能砸了自己的招牌。

「聽清楚，不可多，不可少，將媽祖廟拆三尺。」老先生伸出手指頭掐算，算了老半天才下個決定，「三尺之下正好是魟魚穴的鼻子，等於將魟魚鼻挖個洞，從此牠吐氣時，一半朝著天空、一半朝著金門，吹到島上的風勢必減少許多。」

「萬一廟垮了，怎麼辦？」大家看不見、也摸不著魟魚，只憑老先生一張嘴說得活靈活現，但大家半句疑問也不敢說。

「不能再拖了！」老先生催著大家趕快動手，若是不趕快拆，大太監怪罪下來，可就不得了。工人們不敢怠慢，日夜趕工，很快就完工。

老先生又掐指一算，只改風水還無法完全解決問題。他立刻趕回島上，再度召集所有人，慎重交代：「快！快！快！快請風獅爺來坐鎮。」

「風獅爺？有什麼本事？」大家好奇的追問。

「鄉巴佬，沒知識。」老先生搖頭晃腦：「天上的日月和風雨雷電，都是由神仙或神獸掌管，而負責掌風的，便是威風凜凜、勇猛有力、嘴大吃四方的風獅。獅子性喜吃肉吃魚，如果請風獅來坐鎮，

魟魚怕風獅聞到牠吐出的氣，被逮個正著吃掉，一定只敢輕輕吐氣，風勢自然就小多了。」

「有理、有理。」大家趕緊請最厲害的工匠，照著老先生描述的模樣，用巨石刻成一頭威猛的大獅子，向著北邊魟魚穴的方向安放在地上。

也不知是心理因素，還是老先生的功勞，從此島上的風似乎真的小

多了。大家感激得快哭出來，特別做了一件紅披風，披在風獅爺身上。

好事一傳十，十傳百，從此全島各個角落都紛紛豎立起風獅爺，希望能鎮風止煞，守護地方的平安。

風獅爺出了名後，大家只要有問題，都會誠心的向風獅爺許願或求助。於是屋頂、村落……彷彿只要放一尊風獅爺在那兒就安了心。家宅安寧、出入平安、消水災、克蟻害等，事事都靠風獅爺，甚至連牛隻走失或遭小偷也請風獅爺幫忙去捉拿。金門的大人小娃都知道，風獅爺有夠威！

故事好郵趣

金門是一座海島，四面環海，島上沒有高山屏障，加上位處季風帶，每年有長達一半以上時間都籠罩於寒冷的東北風中，更嚴重的是，從元朝開始，人們常以經濟之名、戰亂之由，將原本茂盛的林地砍伐殆盡，變成裸石荒丘。

想一想，一塊無樹之土，在狂風肆虐下，飛沙走石，何處可逃？

這則〈魟魚和風獅爺〉的傳說，披著神獸與風水的想像外衣，實則傳載了金門的風土、文化和歷史，所幸土地的傷痕帶來覺醒，近年的綠化運動，金門人有志一同，把失去的樹一棵棵種回來，為四境的平安扎下永續的根苗。

在這樣的歷史背景下，風獅爺變成了金門的吉祥物。根據學者考察，現存的風獅爺超過九十座，幾乎各鄉鎮都有，而且有公有母，姿態、表情、造型、掛飾都不同，成為觀光金門時最佳尋寶之旅。中華郵政曾在一九九四年發行了一組四枚的「金門風獅爺郵票」（圖5-1），其中選了西園村鹽場、古寧村雙鯉湖畔、安岐村、湖前村等四尊風獅爺為代表，設計者李光棋先生還在背景襯以當地具有代表性之古厝建物，讓這套郵票更具

圖 5-1 1994 年發行以金門風獅爺爲主題的特種郵票。（周惠玲收藏）

特色。

除了風獅爺之外，郵政總局也曾多次發行過具有辟邪招福意義的郵票。其中，一九九三年的「祥禽瑞獸郵票」（圖5-2），屬於「常用郵票」，發行次數和數量都很大，應該有很多人見過、使用過。這裡跟大家分享，本套郵票設計者林磐聳先生所親繪、簽名的實寄首日封。（後記／劉思源、郵趣／周惠玲）

圖 5-2　1993 年林磐聳手繪、親筆簽章的「祥禽瑞獸郵票」首日封。（周惠玲收藏）

花格子

丟錢比賽

澎湖美景真神奇，可是這枚「花火節」郵票說，更神奇的是有人把錢丟入海裡……

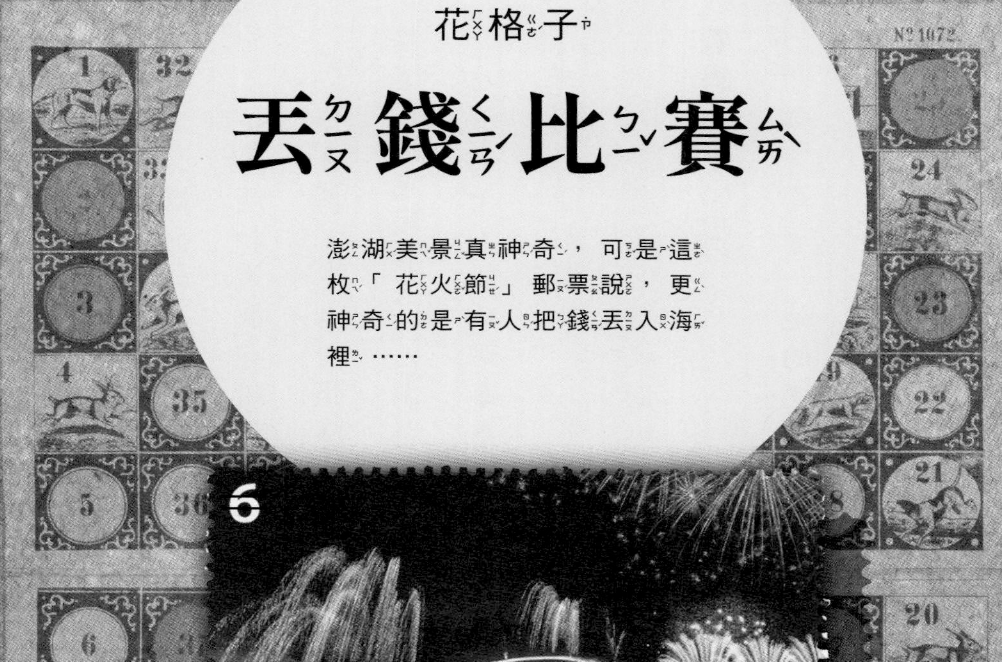

當你聽到張百萬這個名字，會不會覺得他很有錢呢？是的！這是個和錢很有關係的故事。

張百萬，本名叫張隱。四、五百年前為了躲避戰亂，從福建到澎湖定居，住在澎湖縣白沙鄉的大赤崁澳，以捕魚為生。

這一天，他又到赤崁澳北方一個無人島來下網捕魚，突然覺得肚子好痛。

「不行了，得找個地方解決。」他摀著肚子，尋覓著合適的場所。

蹲著蹲著，他的視線與一堆黑黑亮亮的石頭交會。

「嘿，這什麼呀？看起來挺漂亮的，帶幾塊回家。」張

七美
101.2.29.9
883
500

隱感覺那石頭好美麗！好投緣啊！

那時候，人民的生活都窮困，那有磚頭蓋房子呢？這些石頭好用。於是，張隱利用每次去海邊捕魚的機會，順道帶幾塊黑石頭回家。幾塊、幾塊的帶，幾塊、幾塊的疊，漸漸的，疊出一面牆、四道壁……再來就可以住人啦！他天真的想。

一天，從唐山來了一位地理師，他在當地漫步走著，忍不住被一道牆吸引。

「哇！這戶人家這麼有錢？竟然用『烏金』來蓋房子！」

地理師忍不住上前詢問：「請問，這棟房子的主人在嗎？」

「有什麼事嗎？」張隱回答。

「請問您可以賣我一塊『烏金石』嗎？」

「烏金石？」

張隱很疑惑。他窮得要命，那有什麼「烏金石」可以賣。經過地理師指點，才知道那些隨手撿回來的石頭，原來這麼值錢！

就這樣，張隱一夕之間變成了大富翁。他買了船，做起了遠洋生意。

「赤崁澳最有名的就是丁香魚和珠螺，我要把這些特產運到家鄉福建去賣。」回程時，他又運回一些福建的雜糧和建材來澎湖賣。就這樣，張隱發達啦。

極盛時期，張隱有十三艘「龜仔船」，人們稱他張百萬，不但是澎湖首富，還在鹿港、彰化、淡水買房產，商船也在鹿港和福建、廈門間往來買賣。

等張百萬過世後，他的子孫打算興建大宅院，決定從原本居住的大赤崁澳遷往南邊。他們選了一塊六、七百坪的建地，建材也用名貴的隴石和青島石。

在蓋新房子的時候，浩浩蕩蕩的牛車隊伍每天搬運各種貨物，免不了在路上發出嘈雜的聲響，這讓途中會經過的小赤崁村村民感到不滿。

「他們的牛車總是吵得我們不得安寧。」

「是啊！長長的隊伍擋在那兒，我們要出入也不方便。」

小赤崁村裡有一位姓呂的舉人，他書讀得多，能言善道，決定站出來，替大家跟張家協調。

「我們也沒辦法啊，從碼頭過來就只有這麼一條路。」張家說。

「那你們也得想想辦法，有錢蓋新房子，難道就不管別人的生活？」

累積了許久的不滿，讓兩邊的群眾吵了起來。衝動的村民還拿起了斧頭，把牛車的牛軛砍斷。

「不然你們想怎樣？」張家怒了。

「告官府啊！看誰有理。」

告就告！一群人吆喝著，往官府走去。這一邊是有錢人，那一邊是舉人，兩邊都是有頭有臉的人物，聰明的官員兩邊都不想得罪。

後來呂舉人提議：「這樣吧，我們來比賽。」

「比就比，還怕你不成？比什麼？」

「我們就來比誰的錢多。」

張百萬的子孫覺得呂舉人太可笑了，竟然要和他們比誰的錢多。誰不知道他們張家是家財萬貫。

「那有什麼問題！」張家代表立刻答應。

「說好啦！三天後吼門見。」呂舉人不慌不忙的指定比賽地點。

說起吼門，就是現在澎湖跨海大橋那裡，平日天氣好時，看似風平浪靜，其實水道中有多處暗礁暗流和漩渦，有經驗的船隻才知道怎麼避開天險。

村裡人問呂舉人：「為什麼比個賽，要相約在吼門啊？」

呂舉人笑而不答，一副「本山人自有妙計」的模樣。

三天後，雙方各自開著船，依約定在海中相會。比賽的規則是：兩方各自把一百文錢串成一貫，然後對著吼門水道的漩渦口丟錢，你丟一貫，我丟一貫，直到誰的手中再沒有錢可以丟，就算輸。

這是拿金子填海啊！

這件事太轟動，許多人都想來瞧個究竟。不過，也有些人才不想親眼看見白花花的銀子只因為意氣之爭被扔進大海，心痛啊！

比賽的結果，呂舉人輸了。但他並不以為意，因為他早早交代下去，在每一貫錢裡，只有頭尾是真的，其他都是假錢。為了不被發現，他才提議在吼門比賽，這樣錢丟入海裡就沒人知道了。只不過，就算他造假還是輸了，可

見張百萬家實在很有錢。

表面上，張家是贏了，但比賽扔錢，也耗去不少財產，所以誰真的贏，誰又真的輸呢？

據說，有錢的張家，搬到瓦峒蓋起了八落大厝，是聽從了一位地理師的意見。

「這種格局叫作『八馬拖車』，是皇帝出巡，用八匹馬來拖車的意思，不但招財發達，還可以旺後代。」地理師說：「不過，我幫了你們，算是洩漏天機，會變成瞎子，你們得照顧我的生活起居。」

「沒問題！」張家子孫覺得，財大業大，不差這一雙筷子。於是地理師就在張家住下來，一開始，不但三餐吃得豐盛，張家的下人也把他服侍得很周全。

可是有一天，他無意間聽見一個小孩說，他吃的雞肉是病死雞煮的。

「豈有此理！」地理師很生氣，「我為了你們變成瞎子，你們竟然讓我吃病死的雞肉回報我。」他越想越生氣，決定報復。

一天，他告訴張家主事者：「如果你們想要更富有，子孫更發達，我還有

一個辦法。」

「什麼辦法？」

「就是在現在的房子旁邊，再蓋一棟房。」

張家於是在八棟房子外，多蓋一間存放金銀的庫房，誰知，大好格局就此被破壞。本來是「八馬拖車」有如皇帝尊榮的最高格局，如今卻變成「九犬分屍」，張家也就此走向了衰敗。

張家的後代曾經多蓋一間房，想彌補這樣的變異，寓意「十全十美」。

故事好郵趣

澎湖民間故事中，關於張百萬的傳說非常多，根據學者姜佩君等人訪談紀錄得知，版本就有數十種之多。本篇故事選了大家最津津樂道的「烏金石」、「以金填海」和「八落大厝」三段，請大小讀者將它當作故事，而非正確的歷史史實來讀。

圖 6-1　1974 年「臺灣風景郵票」中的澎湖跨海大橋，攝影者劉葆欽。（陳玉蓮收藏）

有些版本會把張百萬子孫所發生的事套在他身上，以凸顯這位首富的精采一生。但是，依邏輯推理，「以金填海」和「八落大厝」一故事中，提到路過小赤崁村，判斷時間點，應落在子孫搬到現今的瓦硐村之後，那就不可能是張百萬的故事。

傳說真真假假，但某些影響確實存在，例如張百萬撿到烏金的島嶼，原是座無名的無人島，後來被

圖 6-2　2018 年的「寶島風情郵票」首日封，介紹了澎湖花火節、二崁聚落、奎壁山遊憩區、大菓葉柱狀玄武岩。（周惠玲收藏）

取名「金嶼」；又例如張家建造的八落大厝，因屋頂多為瓦峒，後來成了當地的地名。可惜，如今八落大厝已毀壞大半了。

至於故事裡丟錢比賽的地點吼門，就位於澎湖跨海大橋底下。這座橋曾兩次登上郵票票面，一次在一九七四年「臺灣風景郵票」系列中（圖6-1），

圖 6-3　2010 年的「風景郵票——澎湖篇」。（周惠玲收藏）

這枚郵票看起來跟一般郵票很不一樣，因為它採用照相凹版印製，效果很接近照片；另一次是二〇一八年「寶島風情郵票——澎湖縣」（圖 6-2），介紹了澎湖最具代表性的觀光景點，其中「花火節」郵票正中央的那條霓虹橋，就是跨海大橋。如果在夏日晴朗的夜晚，從觀音亭也能看到點燈後的跨海大橋。

圖 6-4　2021 年的「澎湖南方四島國家公園郵票」以特殊地景搭配特有生物。（周惠玲收藏）

澎湖風景美麗，生態和人文景觀都很豐富，尤其讓人驚豔的是火山熔岩的玄武岩地形，本篇故事裡的赤崁村和金嶼都位於玄武岩地形上呢。看看一九九六年「澎湖國家風景區郵票」、二〇一〇年「風景郵票——澎湖篇」（圖6-3右上）、二〇二一年「澎湖南方四島國家公園郵票」（圖6-4右下）都有以玄武岩地形為主題的郵票，最新的這一枚，還搭配有澎湖海岸礁岩上常見的夏季候鳥鳳頭燕鷗，為澎湖的生態做了更生動的介紹。

歡迎大家從欣賞方寸之美進而踏上這座島嶼，探訪更多精采傳說，感受更豐富的人文與自然風情。（後記／花格子、郵趣／周惠玲）

王文華

媽祖婆雨 大道公風

每年媽祖出巡時，常會飄點小雨，箇中原因，這枚民俗活動郵票最了解……

媽祖是臺灣人最尊敬的神明之一，每年到了農曆三月二十三日媽祖誕辰這一天，臺灣各地的人都會為她慶祝，扛著媽祖神轎，到村裡遶境，祈求合境平安。

大街小巷的人，不但在供桌上擺出三牲四果，點香拜拜，看見神轎來了，還會鑽到媽祖神轎底下，希望她保佑未來的日子裡，平安順利。

奇怪的是，每年媽祖生日這一天，常會下雨，這時，不管是拜拜的、扛神轎的、跟著遶境的，每個人都會笑著說：「啊，是大道公來施法了。」

大道公，也是臺灣人信仰的神明，他是天上最帥的神仙之一，不但會施法，也懂醫術，生了病的人都知道要去求他，有人稱呼他是保生大帝，臺灣就有不少保生大帝廟。

據說，媽祖與大道公都是閩南人，兩個人平時都樂善好施，也都有很好的品德，變成神仙之後，經常在天空巡視：媽祖管海上，看見颱風或船難，她就會下凡來救人；大道公專管凡間健康，碰上疑難雜症、各種瘟疫，他搖身一變，化身成醫生，到人間幫大家度過難關。

廟口說故事的老人家說，媽祖和大道公都是好神仙，總是在需要救苦救難的地方出現，見面的機會當然比其他神仙多。這兩位好神仙都還沒結婚，一個英俊瀟灑，一個端莊賢

淑，大道公日久生情，就向媽祖求婚了。

媽祖含羞答答，點點頭，也說好啦。

大道公好開心，約好了成親日期，穿上新郎禮服，騎著馬，親自帶著迎親隊伍，一路敲敲打打，把媽祖接進喜轎，敲鑼打鼓回家。

沒想到，還沒走到大道公的家，坐在花轎裡的媽祖，突然聽到一陣淒厲的

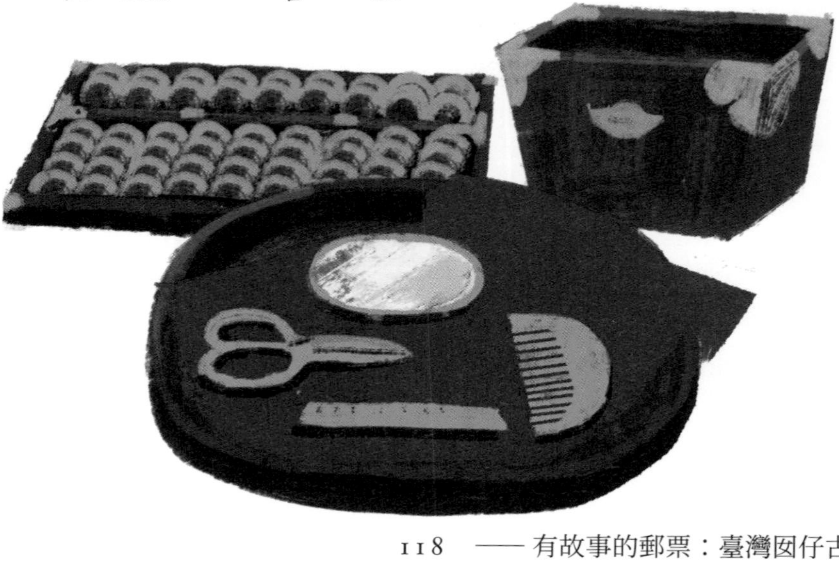

慘叫聲，她掀開轎簾一看：路邊草叢裡，有隻母羊正在生小羊，小羊遲遲生不出來，母羊痛得發出陣陣哀鳴。

轎子裡的媽祖心想：

「母羊生小羊……

「結婚也要生小孩……

「生小孩就要遭遇這麼痛苦的過程！」

母羊痛苦的叫聲，一陣又一陣，坐在花轎裡的媽祖驀然下了個決定：

「不結了，不結了。」

轎伕們急忙問：「什麼不結了？」

「回家，我不結婚了。」媽祖一下令，轎伕們百般無奈，卻又不敢反抗她，就把迎親的轎子抬回媽祖家，而在隊伍前面，喜氣洋洋的大道公可不知道這消息，當他發現新娘轎子突然掉頭了，趕緊去勸說。可是，不管他怎麼勸，媽祖就是不嫁。

這真是太丟臉了。

天庭裡的神仙全聚集到大道公的家裡，喜宴都擺上桌了，賀禮都堆滿房了。

這下子……

他要怎麼跟賓客們解釋？

還有，新娘子半路落跑，這口氣怎麼嚥得下？

大道公回到家，當著眾神，怒氣沖沖撕掉禮服，還派出最得力的張、羅兩位神將當先鋒，衝到媽祖家裡。準備開戰啦！

媽祖接獲急報。她也不是省油的燈，要人沒有，要大將嘛恰好有兩位：千里眼、順風耳，奉旨領兵迎敵。

一邊是怒氣騰騰的大道公，手下有張、羅二將，帶著無數神兵；一邊是誓死悔婚的媽祖，由千里眼、順風耳押陣，率領各路天兵迎戰。

戰鼓咚咚響，神仙界大戰就要展開……

「停！停！停！」

急急忙忙降落在兩軍中間的，正是太白金星。他接了玉帝法旨，前來調停：

「兩位都是神仙，何必為這一點小事撕破臉。」

「我不只撕破臉，我連禮服都撕了。」大道公說：「問她，她為什麼悔婚？」

「不嫁就不嫁，沒什麼好說的，」媽祖也說：「我有不結婚的自由。」

「大家各退一步，不看我的薄面，也請想想玉帝的命令。」

玉帝法力無邊，更有天兵天將無數，沒人敢反抗，於是，兩邊收了兵。

兵是收了，大道公那口氣還吞不下。他是神仙嘛，從來沒被人拒絕啊，凡人見了他，感激與崇拜都來不及了，現在，竟然有人不但不要他，還害他在神仙界裡丟臉。

「我總有一天要你好看。」

但是，該怎樣才能讓媽祖好看呢？

左等右等，一天又一天，終於等到媽祖生日。

媽祖生日的時候，總會打扮得漂漂亮亮：化著美美的

妝，還穿上最好看的衣服。

大道公見了，立刻化成一朵烏雲，跟在媽祖的神轎上，等到她不注意時，烏雲降雨，唉呀，那是施過法術的雨滴，它們全往媽祖的轎子落去，滴滴答答，把媽祖的衣服淋溼，美妝淋花。大道公在天上看得好開心，笑得差點兒「倒頭栽」。

「怎樣，是不是很好看？」大道公一邊爬起來，一邊拍手笑。

媽祖掐指一算：「好啊，是大道公惡作劇。」

俗話說，君子報仇，三年不晚，但神仙報仇呢：「我總有一天等到你。」

隔了一年，媽祖等的機會終於到了。

三月十五日是大道公的生日，大道公穿著最瀟灑的衣服，戴上最酷帥的帽子，開開心心坐在神轎上出巡，接受百姓們的歡呼。

媽祖輕輕揮了揮手，她的指尖送出一股清風，這是被施了法的風，一離開媽祖的指尖，它們立刻氣勢強大起來，成了滾滾狂風，吹得大道公的神轎左右搖晃，連他的帽子都被

吹上了天，久久落不下來，大道公那帥到不能再帥的頭髮也被吹散了，披頭散髮，狼狽不堪。

「是你……」大道公望著空中，恨恨的說。

「沒辦法，你送我一場雨，我總得回報一陣風啊。」媽祖笑著說。

好了，兩個神仙的梁子結下來了，這一結就從很久很久以前，一直到了很近很近的現在。

而今，只要是媽祖生日那天，通常會下雨；大道公生辰的時候呢，當然也免不了來陣風。

故事好郵趣

農曆三月，臺灣各地「瘋」媽祖。

這裡的「瘋」指的是陷入一種狂熱裡，不管是大甲媽祖遶境進香、白沙屯媽祖徒步進香，還是全臺媽祖廟的慶典，總之，媽祖廟是臺灣數量最多的廟宇，當年唐山過臺灣的時候，海上女神媽祖保佑了多少

圖 7-1　2002 年上下兩輯的臺灣民俗活動郵票。（周惠玲收藏）

祖先平安渡過黑水溝，今天就有多少香火鼎盛的媽祖廟。

其中最有名的，應該是大甲鎮瀾宮的媽祖遶境進香活動，一走就是近百年，早期從大甲鎮瀾宮走到北港朝天宮進香，近年改到新港奉天宮。可是，不管北港或新港，九天八夜要走三百多公里的路程，參加人數都是數十萬人起跳，這麼盛大的宗教活動，我們的郵票自然少不了媽祖娘娘。

二〇〇二年，中華郵政以「臺灣民俗活動」為主題，發行了上下兩集共八枚郵票

圖 7-2　1986 年發行的澎湖天后宮郵票，溫學儒繪。這座媽祖廟是全臺最早創建的廟宇。(陳玉蓮收藏)

（圖7-1），由陳健全先生繪圖，包括農曆正月十五的「放天燈」和「放蜂炮」、三月「媽祖出巡」、五月「划龍舟」；七月「放水燈」、「搶孤」和「義民祭」、九月「燒王船」等，都是臺灣祈福消災的代表性活動，也是國際人士來臺觀光的文化焦點。

不僅如此，莊嚴富麗的廟宇建築也是郵票發行的主題之一。臺灣最早的媽祖廟「澎湖大天后宮」（圖7-2）、國家指定古蹟「北港朝天宮」（圖7-3）、「鹿港天后宮」等，都曾經是「古蹟郵票」的主角。

圖7-3　2005年臺灣古蹟郵票中的「北港朝天宮」，柯鴻圖繪。（周惠玲收藏）

而我們這篇故事裡的另一位主角大道公（保生大帝），主廟之一的「大龍峒保安宮」，不但是國定古蹟，更曾獲得「聯合國教科文組織亞太區文物古蹟保護獎榮譽獎」，自然也曾發行過郵票（圖 7-4）。

下次你到廟裡拜拜時，不妨注意一個有趣的事：許多主祀大道公的宮廟裡也會供奉媽祖，但是在媽祖廟裡卻沒有大道公。（後記／王文華、郵趣／周惠玲）

圖 7-4　2020 年臺灣古蹟郵票中的臺北保安宮原圖卡。所謂原圖卡，是把郵票貼在一張和該枚郵票圖案同似或相關的圖畫明信片上，蓋上郵戳，又稱極限卡。（周惠玲收藏）

王淑芬

傻弟賣香屁

牛是農夫的好幫手，這枚「愛護牲畜」郵票說，連牛尾上的牛虻也很有用處喔……

相同父母生下的孩子，個性不一定相同，有一家的兩兄弟就是這樣。哥哥很機靈，認為自己很聰明，弟弟常傻乎乎的跟著哥哥，凡事都得問哥哥意見，聽他的指示。

父母親都過世了，留下一頭牛。有一天哥哥說：「每天帶著牛去耕田，真是辛苦的工作。」於是，他向弟弟建議：「牛給我好了，你就不必那麼辛苦。」

弟弟笑呵呵的說：「謝謝哥哥。」牛的尾巴掃來掃去，正忙著趕走牛虻。一隻牛虻跳到弟弟身上，哥哥見了，便說：「看來老天爺在指示，牛歸我，牛虻歸你。」

「謝謝哥哥。」弟弟小心的將牛虻捧在手裡。當他經過

台灣
台中

鄰居家時，鄰家的大公雞正在吃地上穀粒，牛虻跳到公雞腳下，便被一口吞下去了。

弟弟放聲大哭，哥哥聽見，趕來為弟弟聲援，還向鄰居提出解決方法：「你家養了一大窩雞，就把這隻公雞賠給我弟弟吧。」

其實，鄰居一向同情弟弟，總覺得這家哥哥愛占弟

弟的便宜。於是，便笑著點頭。弟弟抱著大公雞，眉開眼笑的說：「謝謝哥哥。」

弟弟的大公雞在院子裡啄來啄去，哥哥說：「弟弟啊，你到那裡都得帶著公雞，免得牠跑走，被別人搶了去。」

他又說：「對了，今天起，你搬到田邊的小屋，屋後有一小塊地，隨便你想種點什麼都行，這樣才不會太忙。」

「謝謝哥哥。」聽完指示，弟弟開心的抱著公雞，回到屬於他的小屋。他很高興的自言自語：「我有自己的家，也有自己的田地，還有自己的大公雞，這都是因為我有一個好哥哥。」

過了幾天，左邊鄰居辦喜事，邀請村裡的人去喝喜酒。兩兄弟也受邀，弟弟沒忘記哥哥的建議，抱著公雞同去。只是，公雞不安分，用力掙脫，跳到鄰居的大樹下。大樹下有隻狗，本來在休息，忽然眼前一隻雞奔跑過來，狗受到驚嚇，沒多想，便一口咬死公雞。

「哎呀，我的大公雞……」弟弟又放聲大哭。

這回，哥哥的解決之道是：「不如，就把狗兒送給我弟弟。」也十分同情弟弟的左鄰答應了。弟弟牽著狗，破涕為

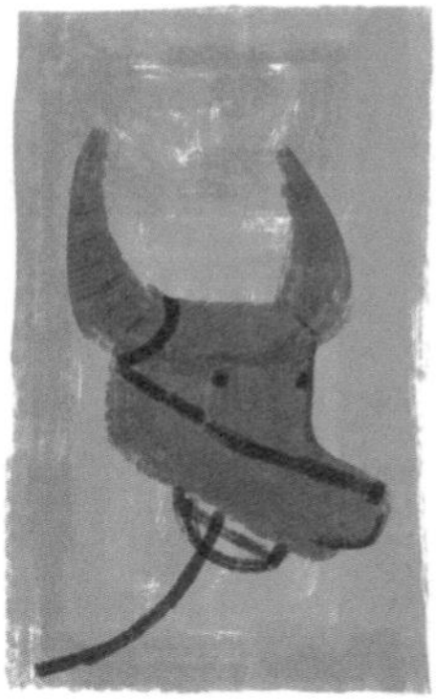

笑：「謝謝哥哥。」

耕種的季節到了，弟弟見左鄰右舍都下田種植，覺得自己不該偷懶。但是看看自己屋後那塊小小的田，土硬硬的，必須用牛來耕田，讓土鬆動。

「可是我沒有牛，只有狗。」樂觀的弟弟決定用狗來耕田。他拿出耕田用的犁，套在狗兒身上，走到田的一頭去。

固定來村裡做生意的商人，正巧背著貨品經過，看見一人一狗在耕田，眼睛瞪得好大：「狗會耕田？我才不相信。」弟弟跟商人打賭，如果狗兒完成耕田任務，商人就得將商品送給弟弟。充滿好奇心的商人同意這個賭注。沒想到，狗兒真的乖乖往前走，跟著弟弟耕田了。

「哈哈哈，太妙了！」商人很講信用的把商品送給弟弟。

弟弟將商品賣掉，賺了錢。他把事情的經過告訴哥哥，哥哥怎能放過這個好機會，借走狗兒，也想試一試。他學弟弟，把犁套在狗兒身上，招來鄰人，要大家下賭注：「狗兒若耕田，賭金全歸我。狗兒若不動，換我賠你們錢。」

沒想到，狗兒一動也不動，還乾脆躺下來。圍觀的人都哈哈大笑，要哥哥賠錢。哥哥一氣之下，鞭打狗兒，竟將牠打死

了。

弟弟哭哭啼啼的將可憐的狗兒埋葬在屋子前，不斷的低聲說：「對不起，都是我害了你。」哥哥不但沒有歉意，還對弟弟說：「這狗真不合作，本來，我可以大賺一筆，還想分給你一些呢。」

這一次，弟弟沒說「謝謝哥哥」；他想對哥哥說的話，並不是這一句。

傷心的弟弟每天放一個肉鬆飯糰在狗兒墳前，說：「親愛的狗兒，你好好休息，好好吃個飽。」

一段時間後，狗兒的墳邊長出一棵奇怪的樹，樹上結著奇怪的黑色豆莢。弟弟摘下來，打開豆莢，發現裡面是黑烏烏的豆子，便炒來吃。黑豆炒起來很香，配白米飯真好吃。弟弟一吃便吃了好幾碗。

只是，吃豆子有後遺症，會忍不住一直放屁。

「咦？怪事！」弟弟邊放屁，邊覺得不可思議。一般的屁臭兮兮，大家聞了會避之唯恐不及。這個黑豆製造出來的屁卻是香的！香氣特殊，還很持久，第二天起床都還聞得到呢。弟弟對自己的香屁感到很滿意，因為不知道為什麼，聞了之後，心情很愉快，還覺得精神百倍。

心情開朗的弟弟，心想從來沒有進過城裡，今天就去逛逛吧。他進到餐館，點了小菜，一坐下來，又連放了幾個香屁。

「那來的香味？」全館的人吸吸鼻子。有位富商家的

僕人也聞到了，大聲問：「是誰有這麼香的香膏？我家小姐正需要買一些放在閨房裡。」

弟弟想：「也許我的香屁可以拿來賣。」

他悄悄的拉拉那位僕人，告訴他整件事的來龍去脈。僕人一面聽，一面點頭：「這是狗神降下的好運氣，快跟我回家去。」

弟弟在富商家放了幾個香屁，還約定每隔一段時間就來「補充」。弟弟拿了錢回家，跑去告訴哥哥這件「賣香屁」奇聞。

哥哥聽了目瞪口呆，連忙去摘下黑豆，炒來吃。他吃得滿肚子鼓鼓的，但用力憋著，因為他想全拿去賣，不能白白在家裡放掉。

哥哥沒料到，當他在大街上高喊「賣香屁！賣香屁！」時，肚子憋不住了，一連放出好幾個屁，又臭又響。所有人都捏緊鼻子逃開，還罵他：「那來的瘋子？快回去！」

哥哥垂頭喪氣的回家，不懂為什麼自己遇到的事跟弟弟大不同。究竟，一向比較聰明的自己，是那裡做錯了呢？

故事好郵趣

「賣香屁」是漢族客家流傳已久的故事，有各種版本，故事的細節雖然不盡相同，但基本情節都是：弟弟傻人有傻福，靠著「賣香屁」賺錢，愛占便宜的哥哥卻沒好下場。

這種「性格決定命運」的民間故事，在世界各地都有，例如西方的「霍勒大媽」（又稱「風雪婆婆」或「羽毛婆婆」）。臺灣另一則傳說「蛇郎君」，也有部分情節類似，都是「姊妹心地不同」，最後「善有善報，惡有惡報」。說故事的人應該是想借用民間故事，來提醒所有人多多行善吧。

故事裡的牛，是臺灣早期故事裡的重要角色，這跟當時農業為主、以牛耕田有關。牛是臺灣早期經濟上的重要資產，也在各種文學與藝術作品中出現。臺灣每年都發行十二生肖郵票，二〇二〇年底至二〇二一年初，臺北郵政博物館還舉辦「Happy 牛 Year——生肖郵票特展」，展出與牛相關的郵票及生肖郵集呢（圖 8-1、8-2）。

有趣的是，一九五八年臺灣曾發行過一套郵票的圖案是農民抱著乳牛，文字卻是「愛護牲畜」（見篇首），「牲畜」兩個字，

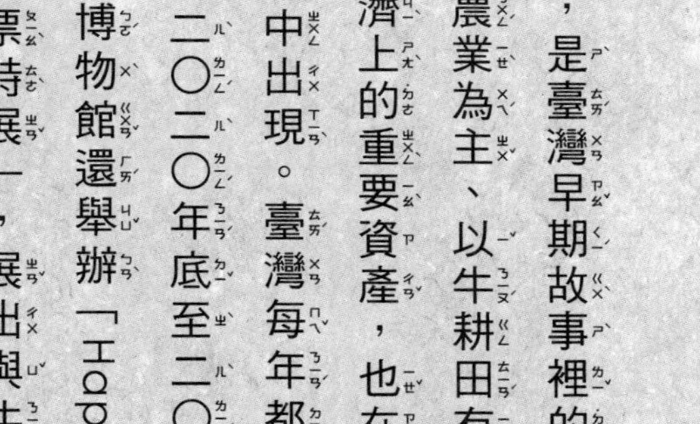

圖 8-1　1996 年的牛年生肖郵票。（王淑芬收藏）

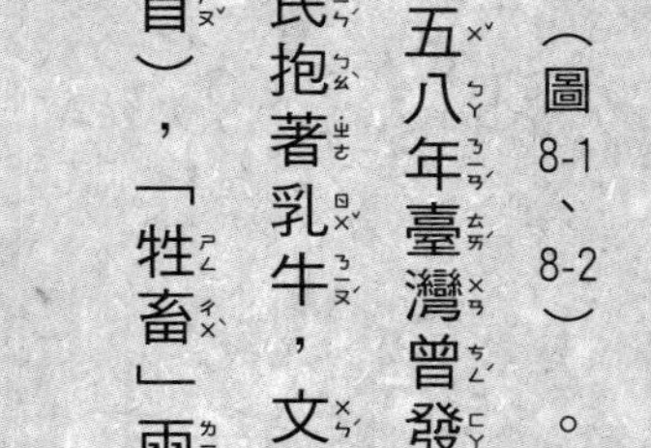

圖 8-2　2020 年底發行的牛年生肖郵票小全張。（王淑芬收藏）

應該會被現代人責怪吧，但也說明隨著時代演變，萬物平等的觀念才逐漸形成。同年另發行有一套四枚的「中國農村復興聯合委員會十週年紀念郵票」（圖8-3），圖案是農人拉著水牛耕田，這正是本故事中的景象。

更值得介紹的是二〇一〇年六月發行「臺灣雕塑郵票」，票面圖案是黃土水先生創作的「水牛群像」（此件大型浮雕目前擺設在

圖 8-3　1958 年發行的「中國農村復興聯合委員會 10 週年紀念郵票」。（林志遵收藏）

「中山堂」)，郵票圖案首度採用打凸方式處理，以呈現浮雕效果。

二〇〇九年以畫家林玉山一九四四年的畫作「歸途」與一九四一年畫作「雙牛圖」，所發行的郵票也很值得細細品味；在前輩畫家所繪製的農村景象中，能感受他對腳下土地的熱愛。

閱讀有趣傳說，搭配欣賞經典藝術作品郵票，豈不是美好豐富的經驗！（後記、郵趣／王淑芬）

海狗房東

大稻埕小金火

一百年前的大稻埕有多繁榮？這枚戎克船郵票看得一清二楚……

戎克船沿著淡水河開過來了！五顏六色的船隻撐開巨大的船帆，船頭兩側都有一對炯炯有神的大眼睛。

「那是戎克船的『龍目』，讓船像龍一樣威猛，可以趨吉避凶，保佑船員和貨物安全。」伯公對八歲的郭金火說。

戎克船從海上來，進入淡水河以後，第一站會先到郭金火家附近的番仔溝卸貨，下一站再開到大稻埕。年紀還小的金火最喜歡跟著大人去港邊等戎克船靠岸，數一數今天又來了幾艘，有沒有比昨天多。

戎克船不只有大眼睛，船頭還有一個方形的大開口，航進淡水河以後，船隻正好背對青翠的觀音山，金火直直看著，感覺那些船就像是從觀音山出來的怪獸，雙眼緊盯獵物、張大嘴巴發出怒吼，逐漸逼近。

金火覺得自己就像是被怪獸盯上的獵物，但他一點都不害怕，他已經準備好要進攻了。在「怪獸」靠岸之前，他要先仔細看著它們，看準等一下該從那裡發動攻擊；他要跳到它們身上、鑽進它們的肚子裡。他也想把它們的色彩、形狀都清清楚楚的記在腦袋裡，回家以後，就要把這些怪獸船全畫下來。

有時候，伯公真的會帶著金火上船去看，他會鑽進怪獸

台北
5.5.14 11
J3
TAIPEI
2.00

的肚子裡，檢查怪獸都吃了些什麼東西。只不過，船員搬貨的動作很快，有時等他走進船艙，裡面的貨物已經被搬空了大半。但是，海產、鹹魚、藥材的濃濃氣味還在，再仔細聞，還能聞到不久前曾經堆放在這裡，如今已運往中國再轉送去南洋的茶葉香；如果再更仔細聞，淡淡的茶葉香氣裡，還有微微的花香。

就算花香已經消散得幾乎不見，

金火還是聞到了。「好熟悉的味道」，他想著想著，又吸進一口氣，在記憶裡搜尋……

他跑出船艙，岸邊的水波晃盪，船頭忽高忽低，盪到高點的時候，他和戎克船的大眼睛一起眺望大龍峒的方向，那一帶種了大片的黃梔花、秀英花和茉莉花。一陣風吹過來，金火深深吸一口氣……「就是這個味道！」他很高興自己解開了一道謎題。

伯公告訴金火，那些香花都是為了大稻埕出產的茶葉栽種的。農民會把採收下來的花，送去不遠處大稻埕的茶行，當作燻茶的香料。

後來金火跟著媽媽和姊姊搬到大稻埕，這裡和老家「番仔溝」一樣，都在淡水河邊。大稻埕是當時臺北最熱鬧的地方，有車站、港口，有各種新奇的南北貨，也有來自四面八方的人。而且，南街上霞海城隍廟供奉的城隍老爺，和他們郭家的祖先一樣，都是從泉州來的「移民」。

有一次，金火和幾個玩伴在廟口聽老人家「講古」，才知道古早的人們渡海來臺灣有多難、多孤單，還有，家鄉的城隍老爺對他們來說有多麼重要。

「城隍老爺也是坐戎克船來的嗎？」有個小孩打斷故事，問了金火最關心的問題。

「古早的故事是我阿祖告訴我的，他沒有說城隍老爺坐什麼船，不過我想應該就是戎克船。一、兩百年前的人很可憐，不是人人都能搭上大船來臺灣，在我們西邊的澎湖附近，還有一大片像『黑水溝』的海，那裡的海流很強，風浪大，搭小船來的人很多都掉進黑水溝裡，就算是大船，如果載了太多人也會沉下

去。」老人家說。

「太恐怖了！」聽故事的小孩緊緊靠在一起。「啊！船快開到黑水溝了！」年紀最大的小孩用力晃動身體，金火跟著大家左右搖擺、撞來撞去，就像是一起搭上船，在凶險海域遭遇大風浪的人。

「是啊，所以那時候的人都說，想從那邊來到這邊，是『六死，三留，一回頭』，意思就是十個人裡面，有六個會丟了性命，只有三個有機會成功上岸，還有一個是到了中途就放棄回老家

去……」老人家嘆了一口氣。

「說不定那一個根本還沒上船，只是想到黑水溝很可怕就嚇得跑回家。」有孩子這麼說，也有孩子說：「說不定是他的船太小，剛剛出海就被浪打回去。」

各種「說不定」說不完，孩子們笑得開心，剛才留在心裡的恐怖陰影終於減少一點點。

後來，老人家又說起那些渡海來臺的人們，他們為了占地盤、搶水、搶糧食，常常激烈打鬥。剛開始，會打起來的通常是不同的族群，像是從福建來的人會和廣東客家人打；不過到後來，就算同樣是福建人，有時候福建的漳州人和福建的泉州人也會打起來；甚至泉州人自己還會分成不同派，彼此互打。

「我說的打，是真的帶刀帶槍去打，要出人命的。我們的霞海城隍廟，就是以前住在艋舺的泉州人自己打起來，打輸的泉州同安人，就背著城隍老爺的神像，逃到大稻埕。這座廟是後來才蓋的。」

老人家的故事說完了，他想告訴孩子們，城隍老爺不是從天上飛下來，廟也不是神仙用法術變出來，或者自己從地上長出來的。喝了一大口茶後，他又說：「過了很久，大家生活穩定了，有文明、有法律了，也打累了，知道要互相體諒，終於不像以前那樣打打殺殺。」

「你們幾個！早上也在打，難道要像以前那樣打到沒命……」老人家忽然對其中幾個大孩子瞪大眼睛。所有的小孩，大的小的、有打的沒打的，全都一哄而散。

跑回家的金火沿路都在想：「好不容易到了這裡生活，都是同鄉人，不，都是人，為什麼要打打殺殺呢？」

他進門看見媽媽，就把下午聽到的故事重說了一遍。

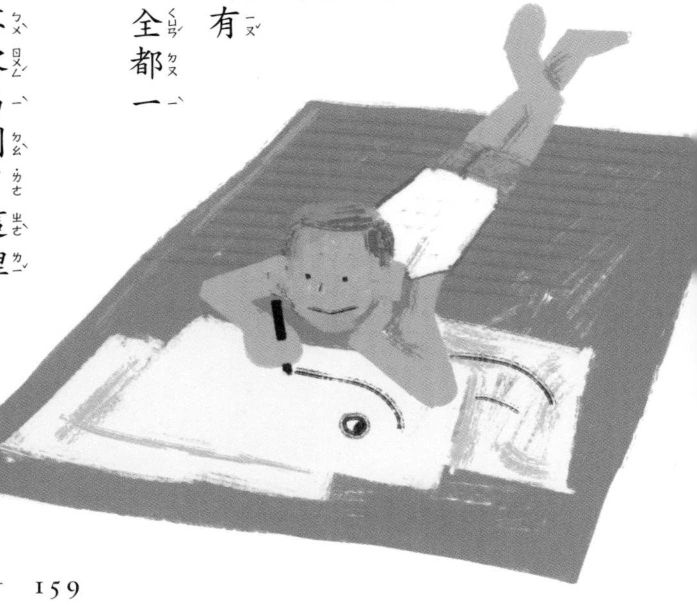

媽媽說：「老天的安排很難說，那時同安人雖然被趕到大稻埕，結果後來艋舺沒落了，大稻埕卻繁榮起來……」

現在的大稻埕真的好熱鬧呵，金火真想畫下這樣的大稻埕，不管是早就住在這裡的人，或是後來才搬來的人，都可以在這裡開心過上好日子。

他還想畫很多戎克船，每一艘都要很堅固，龍目都要很威風，可以把人平平安安的送去旅行、去做生意，或是送去找他們夢想中的家。

故事好郵趣

金火，是畫家郭雪湖（1908～2012）的本名，他在中年以後旅居異國，這時的他已經見過世界各地的美景，可是他還是經常會畫故鄉的淡水河，以及兒時記憶中、在河面上來來往往的戎克船。

年少的時候，郭雪湖就曾經以戎克船為主題，畫了非常大幅的作品，在當時的「臺展」（臺灣美術展覽會）受到矚目，不過，同樣也在臺展大放異彩的〈南街殷賑〉，是他至今最廣為人知的作品。

若你仔細看這幅畫，會發現招牌上有不同族群的蹤影：原住民、漢人、日本人都沒有缺席。無論先來後到，以這片土地為家的人們，要怎麼互相尊重包容，一直以來，都不太容易。〈南街殷賑〉並沒有要談這麼嚴肅的話題，但畫面中豐盛、和諧的景象，誰能不嚮往呢？

〈南街殷賑〉的「南街」，指的是臺北市大稻埕的迪化街，也就是本篇故事裡小金火成長的地方，而「殷賑」的意思是商業昌隆，郭雪湖確實把當年迪化街的繁榮景象畫了出來。這幅名作在二〇一九年被發行為郵票，是中華郵政第七次以「臺灣近代畫作」為主題所發行的特種郵票，一套四枚。

這系列「臺灣近代畫作郵票」十分精美，從二〇〇二年首次發行，至二〇二一年為止，已經發行了八次，非常受歡迎，是認識臺灣近代繪畫非常好的入門。其中，二〇二一年這套選輯了黃靜山〈南國之船〉，畫出了不同風格的戎克船。

戎克船是一種帆船，在臺灣早年的對外運輸時，是重要的交通工具，不光載人、運輸貨物，也運送郵件。中華郵政在發行「中華民國郵政總局成立五十週年紀念」這套郵票時，當中就有兩枚繪有帆船（圖9-1）。

帆船航行海上風險很多，需要燈塔指引。故事中提到戎克船進入淡水河，在淡水河口有一座燈塔，最早在一七九六年民間自己建造，煤油燈和圓筒型的石頭

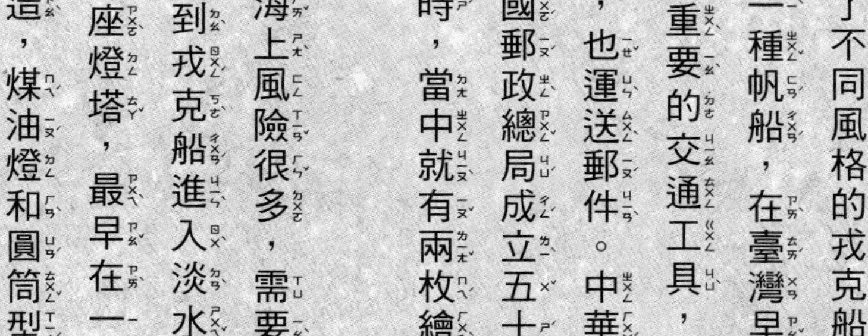

圖 9-1　1947 年中華民國郵政總局成立 50 週年紀念郵票，一套五枚，當中兩枚繪有帆船與飛機的郵票，表現出海運和空運的郵遞業務。（林志超收藏）

塔身，是臺灣本島最古老的燈塔，後來經過官方幾次興建，目前的淡水港燈塔，是方形鋼架。中華郵政二〇一九年發行一套四枚的「燈塔郵票」當中就有它（圖9-2）。（後記／海狗房東、郵趣／周惠玲）

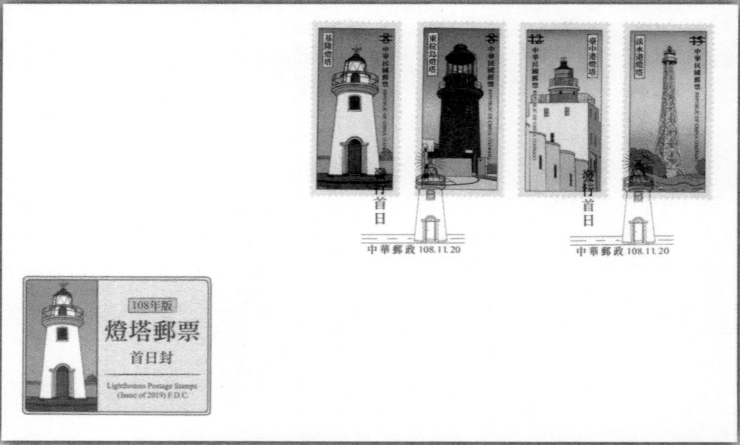

圖 9-2　2019 年「燈塔郵票」的首日封，最右這一枚就是「淡水港燈塔」。（王淑芬收藏）

劉清彥

拔牙鉗與十字架

馬偕博士拔過幾顆牙？這枚紀念郵票說，往下看，你就知道了……

馬偕回到那間原本是馬廄的破舊房子，脫下被潑了一身糞水的衣服，將自己打理乾淨。

「主啊，」他跪在那張只要一翻身就會發出嘰嘎聲響的床邊禱告，「比起祢在世上所受的羞辱，今天這一切實在算不得什麼，我還是愛他們，因為祢也愛他們。我懇求祢憐憫這些人，讓他們願意敞開心認識祢……」

那天夜裡，屋頂響起滴滴答答的雨聲，床不停發出嘰嘰嘎嘎的聲響，睡不著的馬偕，腦中浮現兒時的景象，一幅畫面又一幅。

他想起了在加拿大的遙遠家鄉，想起了住在那裡的爸爸

25
1844
1901

媽媽和哥哥姊姊，想起了小時候媽媽將他抱在膝蓋上所唱的每一首詩歌，還有當佃農的爸爸每天晚上在他們床邊的禱告，也想起了自己十歲那年，在教堂聽見英國宣教士賓威廉牧師報告中國傳教的情況後，他決定效法賓牧師到中國傳教的心志。

只是他沒有想到，二十七歲那年當他搭船前往中國廈門後，卻「有一條無形的線」，將他牽引來到一座美

麗的島嶼。他輾轉從美麗島嶼的南方來到北部，當小船緩緩駛進淡水港時，不知道為什麼，他彷彿聽見心裡有個小小的聲音說：「就是這裡！」

「對，就是這裡！」馬偕在心裡對自己說。直到現在他仍然這麼相信，但他不明白，為何他始終無法融入當地人的生活。他努力學習臺語，但這裡的人卻還是對他充滿敵意，不只今天潑糞水來驅趕他，之前也有人拿掃帚打他，甚至還叫他滾回自己的地方去，否則就要他的命。

對於這些，馬偕一點都不怕，他只是不知道自己到底該怎麼做，才能讓大家接納他。

「如果我的臺語更好一點，」馬偕心想，「說不定就可以讓大家更了解我，還有我想告訴他們的事。」

第二天傍晚，他像往常一樣來到河邊草地，幾個來這裡放牛的孩子正嘻嘻哈哈的在河裡玩水。他們看見馬偕遠遠走來，便興奮的揮手大喊：「大鬍子！大鬍子！」

他們是馬偕在這裡僅有的朋友，也是他的臺語老師，每天傍晚馬偕都會來這裡跟他們聊天，向他們學習臺語。

「聽說，」一個瘦瘦高高的男孩走過來，靦腆的對馬偕說，「昨天我媽媽用糞水潑你？」

「對啊，」馬偕笑著說。「我本來想邀請她禮拜天來聽我講耶穌的故事，可能是我臺語不好，沒講清楚。沒關係啦，回去洗洗就好了。」

「不好意思，」男孩低下頭來。「她最近心情很不好。」

「哦？」馬偕好奇的問，「為什麼？」

「我爸這幾天一直發燒又發冷，又吐又拉，全身無力，只能躺在床上，沒辦法下田工作，加上……」男孩頓了一下，說：「地瓜和地瓜葉都大豐收，賣不到好價錢……」

其實，這不只是男孩一家的問題。最近有不少村民都染

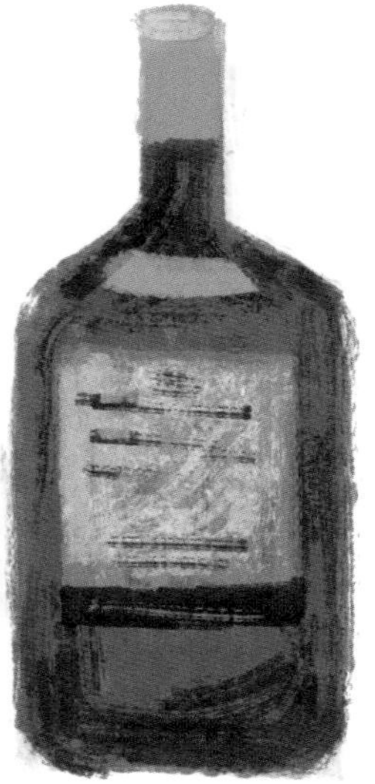

上俗稱「馬拉利亞」（瘧疾）的疾病。當天，馬偕就去探望男孩的父親，等他回到馬偕之後，便從行李箱中，翻找出之前離開加拿大時，醫生朋友給他隨身備用的金雞納霜（奎寧水）。

金雞納霜雖然很苦，卻很快就讓男孩的父親變好了。於是，一傳十，十傳百，生病的人統統跑來馬偕這裡，索討「神奇的白藥水」，而被治好的人也都把他視為救命恩人。大家對馬偕的態度完全改變了，包括男孩的媽媽。

馬偕寫信請加拿大的家人和朋友為他寄來更多的金雞納霜，還請他們寄一些蔬菜種子和幾支「鉗子」，因為他發現村民還有另一個「難以啟齒」的問題——牙痛。

從那以後，馬偕總是隨身帶著金雞納霜和拔牙鉗。他一邊為人治病、拔牙，一邊向他們傳講耶穌的故事。當時並沒有麻藥或消毒藥水，更沒有診療室，馬偕就站著為人拔牙，有時候短短一小時內，他就拔了一百多顆牙。

除了治病拔牙，馬偕也把家人寄來的蔬菜種子分送給農民，教導他們種紅蘿

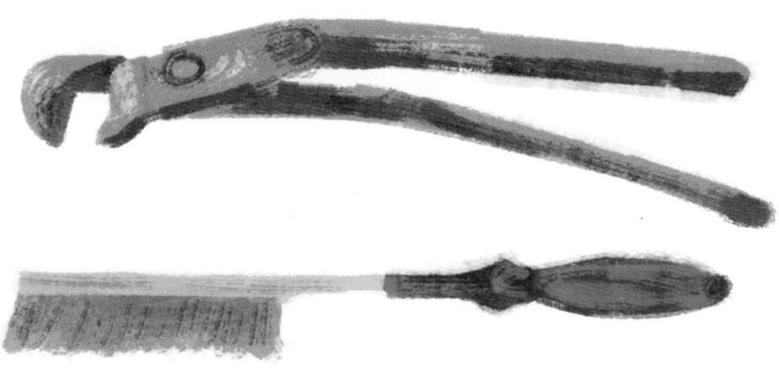

蔔、白蘿蔔、花椰菜、高麗菜、四季豆和番茄。在那之前，臺灣還沒有這些蔬菜，雖然剛開始敢吃的人不多，但慢慢被接納後，也大大改善了農民的生活。

有一天，一個曾經做過清朝官吏祕書的年輕人嚴清華來找他。「我可以向你學習嗎？」他對馬偕說。

馬偕喜出望外，他從來沒有想過，自己除了被村民接納，竟然還有人要來當他的學生。從此，馬偕多了一個夥伴。他們一起為人治病拔牙，也一起傳講聖經。為了傳道，他們從淡水走路到五股，馬偕不但在那裡認識了他的妻子張聰明，還收了另一個學生陳榮輝呢。

就這樣，跟隨馬偕的學生越來越多。雖然當時交通不方便，光是從淡水搭船去臺北就要三、四個小時，馬偕卻領著學生，一步一步走到臺北，接著又翻過好幾座山，到宜蘭去幫助住在噶瑪蘭平原的平埔族原住民，不僅為他們治病，教他們種菜，還為他們取姓氏。當時

有個頭目抽中馬偕的「偕」，於是整族人就都姓偕。

馬偕的學生越來越多，他帶領他們到各地去幫助人，也在行走的路上「隨時」為他們上課。草地、山坡和河邊的石頭堆，都是他們的課堂。馬偕除了教導他們了解聖經的內容，也教社會人文、自然科學和醫學方面的課程。

一八八二年，馬偕終於把學生從露天課堂帶進了有屋頂的教室。他回家鄉募款，用那裡居民捐贈的錢，蓋了一間「牛津學堂」，而最早跟著他的那些學生，也全都成了學校的老師。牛津學堂的學生都是男生，但馬偕覺得女生也必須接受教育，所以隔年也為女孩們成立了一間「淡水女學校」。這兩間學校，後來合併成為現在的淡江中學。

馬偕在臺灣住了二十九年，他創辦了一間醫院、兩間學校，成立了六十間教會，帶領了三千多人成為基督徒，還拔了兩萬一千多顆牙齒。一九〇一年六月二日，馬偕因為喉癌過世，他要家人把他安葬在自己一生熱愛的臺灣，他說：「因為，我是一個正港的臺灣人。」

故事好郵趣

故事中提到的馬偕學生陳榮輝，就是我的外曾祖父。他有兩個兒子，老大也成了馬偕的學生，甚至後來娶了馬偕的大女兒為妻。老二則是我的外公陳清忠，他從牛津學堂畢業後，被馬偕送到日本念書，回國後成為淡江中學

圖 10-1　2022 年馬偕來臺 150 週年紀念郵票的原地實寄首日封。（劉清彥收藏）

的老師和校長。他將橄欖球引進臺灣，組成第一支橄欖球隊，也成立了臺灣第一個合唱團，所以他也被譽為臺灣的「橄欖球之父」和「合唱團之父」。

馬偕在他的日記中曾經寫下一首詩〈遙寄臺灣〉，當中有這樣的文字：「遙遠的福爾摩沙是我心所至愛，我在島上度過一生最好的歲月，生命的情趣與關注也都在那裡……」他深愛臺灣這塊土地上的棕褐色皮膚的子民，不管是漢人、平埔族或高山族，「……心甘情願為他們獻上我

圖 10-2　2021 年馬雅各逝世百週年紀念郵票，先以平版印背景圖，再以雕刻凹版印前景人物肖像，十分精緻特殊。（周惠玲收藏）

的生命，就算一千次、一萬次也不足惜。」

為了緬懷馬偕對臺灣的奉獻，中華郵政兩度發行紀念郵票，一次是在他逝世百週年（二〇〇一年），一次是來臺一百五十週年（二〇二二年）。這兩枚郵票各有特色：前者以馬偕博士的照片搭配他為民眾拔牙的手繪圖（見篇首）；後者則是彩繪的馬偕畫像，襯以「淡水禮拜堂」和「滬尾偕醫

圖 10-3　2021 年的「臺灣古蹟郵票」中有一枚臺灣第一所西式學堂「牛津學堂」，此爲原圖卡。（周惠玲收藏）

館」一（圖10-1）。

除了馬偕，馬雅各醫生也是在臺灣奉獻一生的外國友人，不但設立臺灣第一間西式醫館（新樓醫院），並推動閩南語白話字運動，培育人才無數，中華郵政在二〇二一年也發行了紀念郵票（圖10-2）。

而傳教士在臺灣留下的教堂、醫院、學堂，這些西式建築美輪美奐，很多都成為國家古蹟，因此也都在中華郵政發行「臺灣教

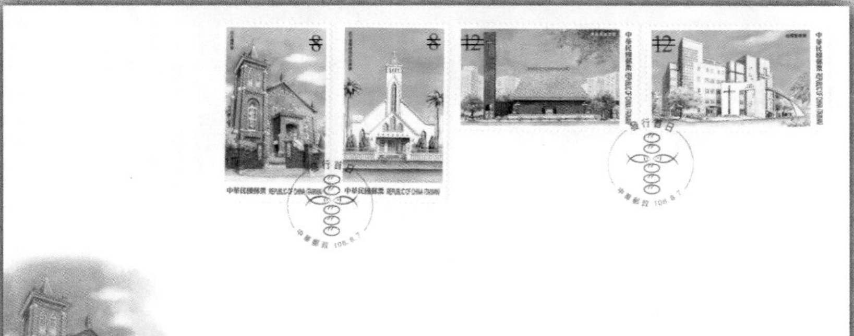

圖 10-4　2019 年「臺灣教堂郵票」首日封，左起淡水禮拜堂、臺南太平境馬雅各紀念教會、臺北市的基督教懷恩堂、臺南聖教會。（周惠玲收藏）

堂郵票」中留下了身影（圖10-3、10-4、10-5）。

不論是馬偕博士或馬雅各醫生，都是將一生奉獻給臺灣的外國友人，有人說，他們是正港的臺灣人。你同意嗎？（後記／劉清彥、郵趣／周惠玲）

圖 10-5　2016 年發行「臺灣教堂郵票」包括臺東的金崙聖若瑟堂、臺北聖家堂、屏東萬金聖母聖殿、高雄玫瑰聖母聖殿主教座堂。（周惠玲收藏）

郵趣教室

郵票自己的故事

周惠玲

如今我們已經繞了臺灣一周，聽郵票說的各種奇妙故事。最後，還有一個故事，是關於郵票自己的。

郵票在一八四〇年誕生於英國，

郵信小百科

創造它的人，是一位名叫羅蘭．希爾（Sir Rowland Hill, 1795～1879）的小學老師。在這之前，要寄信很麻煩，每一封信都要送到郵局去，按照路程遠近計算郵資，郵局局長還要親自簽名蓋章……作業繁瑣又慢，而且郵資很貴。另外還有一個重點，郵資是由收信人支付的。

聽說有一天，羅蘭．希爾散步的時候，看見郵差送信給一位年輕的小姐，那位小姐看了一眼信封，竟然拒絕收信。原來，這封信是她男朋友從遠方寄來的，他們事先約好，如果平安沒事，就在信封上做一個記號。當她看到記號，知道男朋友平安無事，就不用收信，也不必支付昂貴的郵資。可是這麼一來，郵差辛苦送信卻收不到錢，郵局就會經營不下去，那以後誰來幫大家送信呢？

這個故事不知道是真的、假的，不過，這反映出當時郵政的一些

圖 11-1　世界第一枚郵票「黑便士」。

弊端。後來，羅蘭．希爾提出改革建議。他的改革辦法有兩個重點：首先，郵資採用「單一郵資制」——重量不超過半盎司（約十五公克）的國內平信，不論遠近，只收費一便士（一分錢）；另外，郵資改由寄信人事先支付，也就是「預付郵資」制度。

為了方便大家「預付郵資」，羅蘭．希爾請郵局事先印好一些註明郵資的小圖方塊紙片，寄信的人事先買好這些小紙片，貼在信封上，郵局看到信封上貼了小紙片，就會把信送給收信人。這麼一來，郵資變便宜了，郵局的作業簡化了，又能確保收到費用。這些小紙片就是今天的郵票。

羅蘭．希爾的這個辦法是不是很聰明呢？難怪他後來當上了英國郵政總局的局長，還被全世界尊稱為「世界郵票之父」。而他發明的第一枚郵票，被叫作「黑便士」（圖11-1），因為它是用黑色油墨印的，郵資一便士。當然，後來也有其他顏色的郵票，例如「紅便士」。

仔細看一下「黑便士」這張圖，它的上方印著郵資（postage），下方印著一便士（one penny），而當中的圖案，為了顯示郵票的公信力，印著當時英國女王維多利亞一世，這是她十五歲時的頭像。

羅蘭·希爾對於郵政的貢獻非常

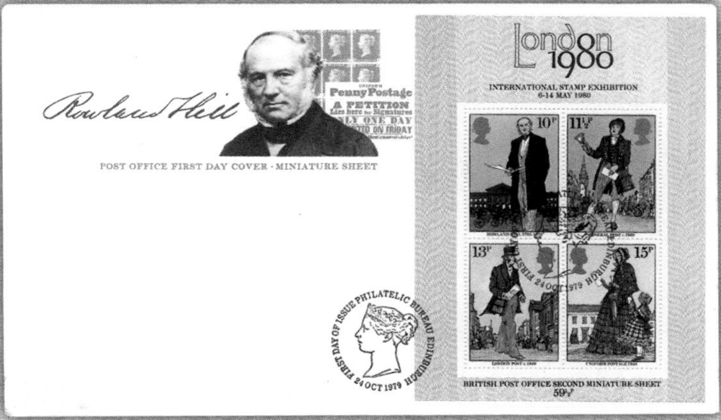

圖 11-2　1979 年英國發行的羅蘭·希爾逝世百周年紀念郵票首日封，左上是羅蘭·希爾的畫像，右上是當年的信差，下方則是收信和寄信的人。（王淑芬收藏）

大，一九七九年，當他逝世一百年時，除了英國郵局之外，世界各國都發行了他的郵票，我國也有（圖11-2、圖11-3）。中華郵政發行的這枚郵票圖案，除了羅蘭．希爾的肖像之外，左上方還有一枚小小的黑便士郵票，黑便士左下方蓋了雙十字型的戳章（馬爾他十字郵戳），這也是羅蘭．希爾的發明：世界上第一個蓋銷戳，表示這枚郵票已經被用過了。

圖11-3的這枚郵票圖案設計，稱為「票中票」，就像郵票對我們說郵票自己的故事，是不是很有趣呢？

圖 11-3　1979 年中華郵政發行的羅蘭．希爾逝世百周年紀念郵票首日封，這枚郵票採票中票設計。（周惠玲收藏）

郵戲動手做

洗郵票

陳玉蓮

很多人剛開始集郵時，都會從舊信封上把喜歡的郵票剪下來收集。

這些已經使用過、蓋了郵戳的舊票，最好能幫它們清洗乾淨、風乾，然後再依照分類放入集郵冊裡。如此不但能讓郵票保存得更好，也方便欣賞。

洗郵票的準備工具：

帶有郵票的信封、剪刀、乾布或紙巾、臉盆或寬底的裝水容器、

黃家卉5歲／拍攝：黃杜男

厚書。

洗郵票的步驟：

1. 將郵票從信封上剪下，郵票四周可以預留一、兩公分的紙邊。

2. 容器裡裝水，將郵票放入水中浸泡。一次清洗一枚或數枚都可以。但是有顏色的信封，最好分開清洗。

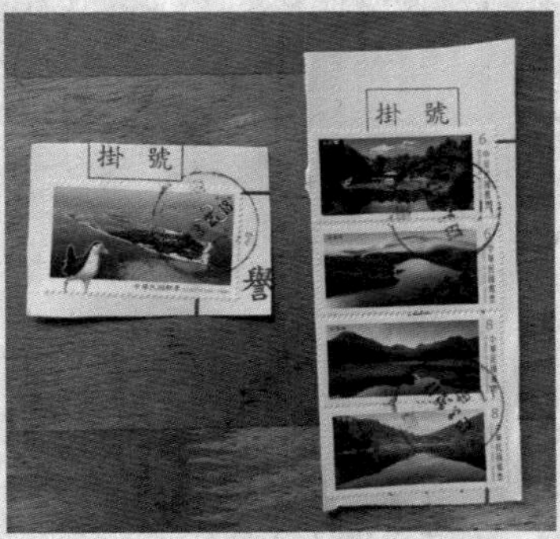

1. 剪下郵票

2. 浸泡

3. 票、紙分離

3. 靜置十至三十分鐘，讓郵票與信封分離，這時可以用手指輕柔的搓揉郵票的背面，把郵票背面的殘膠去掉。

4. 輕輕撈起郵票，背面朝上，鋪放在乾的不織布紙巾或棉布上風乾。

5. 郵票未乾時會呈現半透明狀，全乾會呈現不透明的白色。

6. 將郵票翻面，圖案朝上。

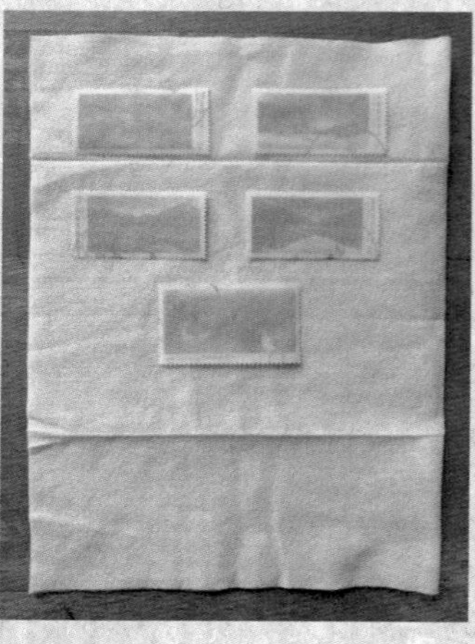

4. 撈起面朝下陰乾

5. 郵票背面變不透明

7. 兩面都全乾後，郵票會微微捲曲，可夾入厚書中壓平。

8. 待郵票平整後，即可放入集郵冊。

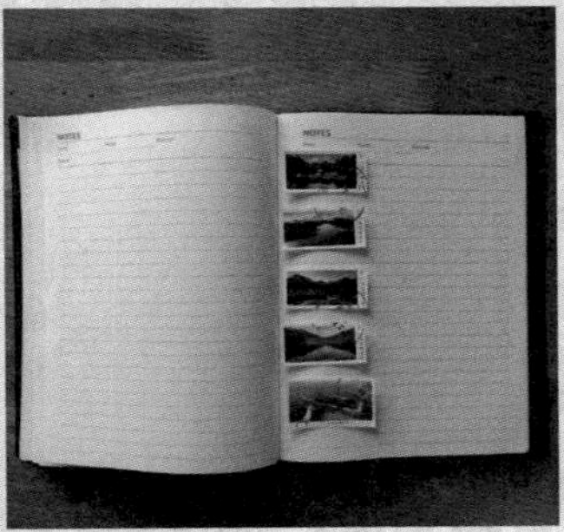

7. 夾書中至平整

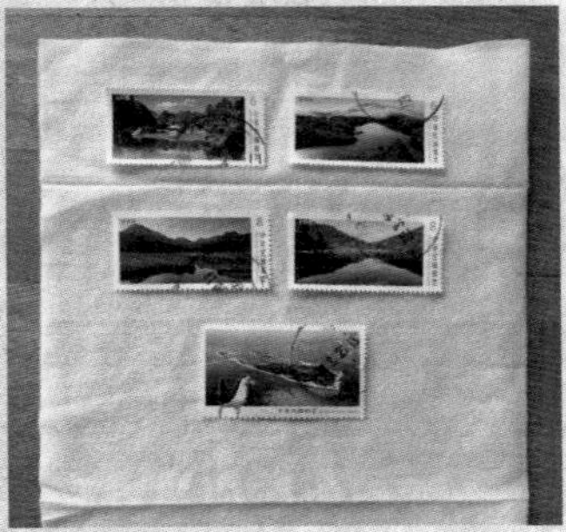

6. 翻面待全乾

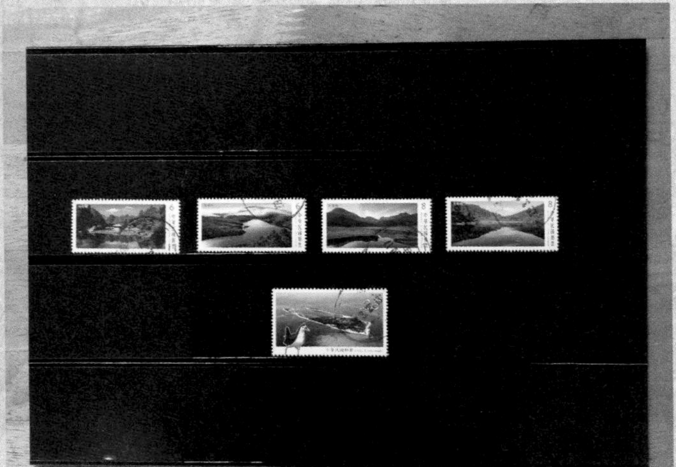

8. 放入集郵冊

企畫緣起

乘著
故事魔毯
去旅行

周惠玲

小時候看過一部卡通，故事裡的主角坐著魔毯到各地旅行，認識很多朋友，經歷冒險，成長。

我好想要那塊會飛行的毯子啊。

長大以後，有次出國經過中東，還特地扛了一塊波斯地毯回來。雖然那塊地毯沒能飛起來，可是每次看到它，就會想起一個願望：旅行到世界各地，認識不可思議的人事物。

對我來說，郵票就像一塊魔毯：一來，郵票的齒邊跟地毯流蘇很像，二來，從郵票裡可以看見風景、建築、文物，有人物、繪畫，甚至還有故事。後來，我發現不只我這麼想。

幾年前，「臺灣第一」莊永明先生和我受邀，在臺北市中山堂舉辦了「掉進郵票的童話王國——世界經典童話郵票展」。莊先生是受國家褒揚的文史專家，舉辦過各種文物展，不過這次郵展，他直到過世前都念念不忘。

為期兩個月的展覽中，很多老師和家長帶著孩子一起來觀賞。有些人看過了，又帶朋友再來看，還有許多海外的朋友來看。不但小孩覺得有趣，大人也驚訝的說，原來有這麼多可愛又美麗的郵票呀！

作為策展人，我有幾次「偷偷」去觀察展覽現場，看到很多大朋友帶領小朋友觀賞郵票時，還一面對他們講述郵票裡的故事。當時我真想扠腰驕傲的說：看！這些方寸大小的郵票，正變身成大大的魔毯，載大家去世界旅行呢！

那次展示了全世界五大洲、三十部童話的經典郵票，其中當然也有臺灣的郵票。中華郵政公司在一九七〇年到一九八六年間，曾經發行過十次的「中國民間故事郵票」和「中國童話郵票」，包括每一枚郵票說一個故事的「二十四

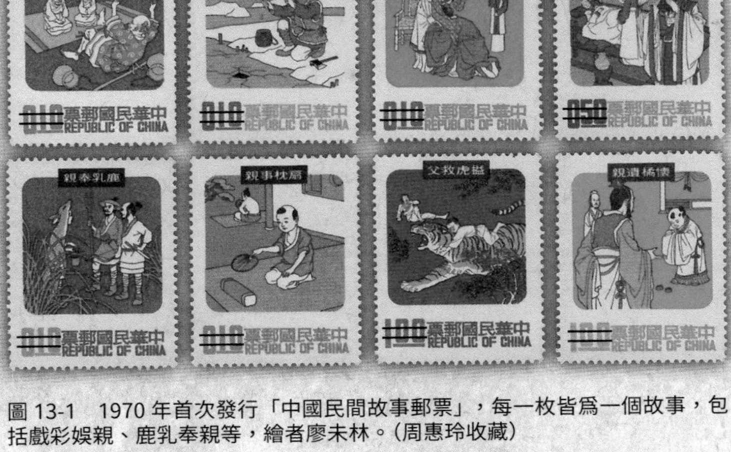

圖 13-1　1970 年首次發行「中國民間故事郵票」，每一枚皆爲一個故事，包括戲彩娛親、鹿乳奉親等，繪者廖未林。(周惠玲收藏)

孝」系列（圖13-1），也有一套四、五枚郵票，以連續劇情共同講述一個故事的「牛郎織女」（圖13-2）和「梁山伯與祝英台」（圖13-3）郵票。這些郵票的畫家廖未林、陳海虹先生……等，都是早年臺灣圖畫書創作者，對於研究兒童文學的我來說，倍感熟

圖 13-2　1981 年首次發行中國童話郵票系列，以連續畫面介紹「牛郎織女」，繪者黃木村。（周惠玲收藏）

悉與親切。

這種親切感，在看到英、美、德、法、中歐、北歐等國的童話郵票時更明顯。這些國家經常以當代兒童文學作品為主題，發行主題郵票，日本更是每年都發行當代童話和繪本作家的專題郵票。

逐漸的，我覺得可以請郵票作媒人，來介紹世界各國的傳家經典故事。能被國家選為郵票發行的，肯定

圖 13-3　1986 年以梁祝故事爲主題所發行的「中國民間故事」郵票，一套五枚，有連續故事情節，繪者黃木村。（周惠玲收藏）

是最具國民性、最能引起共鳴的故事，也是最適合和別人分享、代代相傳的經典故事，不論是神話、民間傳說、童話、小說，都是最能代表那個國家的文化傳承。

有人說，現今的孩子大都沒見過郵票，甚至也不寫信。我想說，這很可惜，因為寫信，不僅可以增進語文素養、展現故事力，也能夠拉近人與人之間的距離、擴展友誼。不管對方在天涯海角，一封用筆寫下的信或卡片，能讓彼此更加了解，情感升溫。電子郵件、手機或網路社群的通訊固然方便，可是，收到實體信件的感動，更加深刻。更何況，信封上的精美郵票更提供了美感的薰陶、多元文化知識的啟迪，甚至收藏與投資的可能。

因此，這套【有故事的郵票】的企畫動機，就是希望鼓勵大小讀者用書信來告訴另一個國家的人，關於自己的生命故事、關於臺灣的故事，而且，也透過這套書去了解別人、他國的故事。

這個構想獲得遠流出版王榮文董事長、李傳理總經理的支持，以及好友王淑芬、梁晨挽起袖子動筆下，開始熱烈展開，尤其淑芬，根本是這套書的顧問。

當然，系列的第一本必須是臺灣。雖然中華郵政從一九五七年就開始發行有故事劇情的郵票（圖13-4），但我們仍然重新挑選了一些大家可能不那麼熟悉的故事，包括：卡那卡那富族〈穿山甲說故事〉、撒奇萊雅族〈蟹孩兒〉、達悟族〈丁字褲釣鬼頭刀〉、西拉雅族〈塔塔巫里和一張牛皮〉……等，而且邀請十位作家來重說這些故事，每個人說故事的風格不同（有人還一次說了四個故事），這也成為這本書的亮點。這十篇故事包含原住民神話、客家與漢人的民俗故事、歷史故事、近代畫家與城

圖 13-4　中華郵政 1957 年以孟子和岳飛母親「偉大的母教」爲主題發行郵票，繪者廖未林。（周惠玲收藏）

鄉互動……等，最後以外國傳教士馬偕在臺灣貢獻一生的故事結尾，並邀請與馬偕有家族淵源的劉清彥（阿達叔叔）講述。

我想起巴西作家保羅・科爾賀曾說：「如果別人可以理解我的故事，那麼，他就不會距離我太遙遠……」

期待這些充滿「郵趣」的魔毯，載著孩子去旅行，認識自己，也理解別人。

Q82001

有故事的郵票 1 臺灣囡仔古

作者 — 王文華、王淑芬、安石榴、林世仁、花格子
周惠玲、海狗房東、張友漁、劉思源、劉清彥
（依筆畫順序）

繪圖 — 六十九
郵信小百科 — 周惠玲
郵戲動手做 — 陳玉蓮

編輯總監 — 周惠玲
校對 — 呂佳真、董宜俐
美術設計 — 黃子欽
封面設計 — 黃子欽
內頁編排協力 — 葉欣玫（中原造像）
行銷企劃 — 金多誠（特約）、柳千鈞

發行人 — 王榮文
出版發行 — 遠流出版事業股份有限公司
104005 台北市中山北路一段 11 號 13 樓
郵撥：0189456-1　電話：(02)2571-0297
傳真：(02)2571-0197
著作權顧問 — 蕭雄淋律師
輸出印刷 — 中原造像股份有限公司
平裝版初版一刷 — 2022 年 5 月 1 日
平裝版初版三刷 — 2024 年 6 月 15 日

YLib 遠流博識網 http://www.ylib.com　Email: ylib@ylib.com
遠流粉絲團 http://www.facebook.com/ylibfans

定價 新臺幣 370 元
ISBN 978-957-32-9543-3

國家圖書館出版品預行編目 (CIP) 資料

臺灣囡仔古 / 王文華，王淑芬，安石榴，林世仁，花格子，周惠玲，海狗房東，張友漁，劉思源，劉清彥説故事；六十九繪圖．-- 初版．-- 臺北市：遠流出版事業股份有限公司，2022.05

面；　公分．--（有故事的郵票；1）
ISBN 978-957-32-9543-3(平裝)
1.CST: 郵票　2.CST: 民間故事　3.CST: 臺灣

557.64633　111005133